Donato Santoro

FEDE, GIUSTIZIA e VERITA'

Itinerario per un cammino comune

Titolo | Fede, Giustizia e Verità
Autore | Donato Santoro

ISBN | 978-88-93069-99-1

© Donato Santoro 2014

Youcanprint Self-Publishing
Via Roma, 73 - 73039 Tricase (LE) - Italy
www.youcanprint.it
info@youcanprint.it
Facebook: facebook.com/youcanprint.it
Twitter: twitter.com/youcanprintit

Prefazione del Dott. Giuseppe Grieco Autore & Ricercatore

L'opera ha come punto di analisi la trattazione dell'esecuzione penale dalla "Legge Gozzini" fino ad oggi.

Riguarda altresì i diritti soggettivi dei reclusi sino alla riabilitazione, con importanti spunti di riflessione dati sia dalla Dottrina corrente che anche dalla Giurisprudenza dominante.

A completamento della trattazione abbiamo anche le fondamentali Direttive fornite in merito e nel dettaglio, dal "CEDU" (Corte Europea Diritti dell'uomo).

Alla mia dolce metà "Lucia" che ha creduto in me e mi ha

assecondato nella passione del Diritto, nella Giurisprudenza,

nella Fede, nella Giustizia e nella Verità, contribuendo alla

crescita dei valori e degli ideali che fanno e faranno parte di me.

Una nota biografica come introduzione

Fra il candore dei colli biancheggiavano selve rigide e severe – quasi fantasmi di defunte primavere – nella penombra d'un ombroso sfondo. Gli alberi stavano lì, rigidi, con le spalle curve, in ascolto….ma non un'eco riecheggiava nella valle, un brivido neanche. L'aria era immobile….non un volo non un canto…tra pulviscoli di bianchi atomi erranti. Tacitamente nevicava sui rami, sui campi muti, e tutto imbiancava un gelo, tutto agghiacciava un oblio. Pareva piovesse silenzio dal cielo e pareva un sogno il mondo….

Era cominciato così quel giorno, come tanti altri del nostro inverno lucano, ma in casa Santoro alla pace della natura si mescolava, sempre più insistente, la gioiosa trepidazione dei cuori. Il silenzio era rotto a tratti da grida soffocate di donna, finché risuonò nel profondo d'ogni cuore, nota d'argentea squilla, un vagito di bimbo.

Ero io, proprio io quel bambino: Donato Santoro. Nacqui a Filiano il 17 febbraio 1969, alle ore 17:30, da papà Vito e da mamma Domenica. Era un lunedì.

Quante volte, in questi 45 anni di vita, avrei voluto parlare dei miei genitori per esprimere loro la mia gratitudine e il mio incommensurabile affetto! Lo faccio ora, ora che ho realizzato quel sogno che era già nei miei occhi appena aperti al mondo.

Papà Vito è persona umile e buona, profondamente amante del lavoro, affettuosamente dedito alla famiglia. Ha una grande passione, cui si dedica, da quando è in pensione, con amore e con soddisfazione : coltivare la vigna e l'orto, curare il suo grande bosco. Papà Vito ama mamma Domenica, e ama la sua cucina.

Com'è sempre stata generosa e dolce mamma Domenica! Oggi ancora, dopo tanti anni di vita insieme, asseconda i desideri del suo amato marito, e durante la settimana prepara per lui i suoi insostituibili appetitosi manicaretti : fusilli, tagliatelle e orecchiette, piatti tipici della tradizione culinaria lucana.

Ha dedicato tutta la vita nell'impegno per il suo lavoro, nella cura amorevole dei figli e, negli ultimi anni, dopo la pensione, nell'accudimento zelante dei propri genitori accompagnandoli dolcemente al momento della morte.

Mi viene in mente una frase di Madre Teresa di Calcutta che ben si addice al mio papà e alla mia mamma:

" La soddisfazione più grande è il dovere compiuto"

Sì, è vero, i miei genitori non possiedono una grande cultura, ma sono stati capaci, nella loro umiltà e con il loro amore, di trasmettere ai figli valori fondamentali quali la serietà, l'onestà, la sincerità, l'amicizia, il rispetto per le persone tutte, la dedizione alla famiglia – cosa non da poco in uno Stato di diritto–, e di piantare nei loro cuori i semi di grandi ideali.

Troppo facilmente utilizziamo questa parola: amicizia, senza comprenderne il significato profondo e l'impegno che essa richiede. Non voglio fare sfoggio di sapere – la mia umiltà me lo impedisce – ma mi pare indispensabile osservare che "amicizia" deriva dalla radice indoeuropea "am"- utilizzata dal latino "amor" e "amicus"- che ha in sé il significato di "affetto" "fiducia" "stima". E mio padre, perfetta incarnazione del detto: " La laurea ti fa dottore, ma è l'educazione che ti fa signore", crede profondamente nell'amicizia e ci tiene a conservare i legami con quelle persone che ha avuto occasione di incontrare nella vita, con quanti hanno svolto con lui il servizio militare cinquant'anni or sono... Certo, oggi sono tutti un po' cambiati per i segni che il tempo lascia indelebili, ma il sentimento d'amicizia è lo stesso: sincero, onesto, trasparente, scevro da interessi di sorta, e genera gioia ad ogni incontro. Da dieci anni a questa parte frequenta con particolare assiduità Rosa e Michele, onesti lavoratori di Scalera.

A papà Vito e a mamma Domenica va il mio grazie più profondo e commosso per aver fatto di me l'uomo che sono, sapiente e semplice, severo e comprensivo, onesto e generoso, serio e scherzoso, dignitoso ed umile al tempo stesso.

L'uomo che sono oggi viene da una lunga storia, che con soddisfazione mi accingo a raccontare.

Mi sono arruolato all'età di vent'anni nel Corpo degli agenti di Custodia nel lontano 4 marzo 1989, ove frequentai il Corso di Formazione a Cairo Montenotte, nella provincia di Savona. Conobbi tanti amici e soprattutto un Superiore diretto – originario della Lucania ma residente in quella città da più di venticinque anni.

Terminato il Corso e superati brillantemente gli esami, fui assegnato al Carcere di massima Sicurezza di Cuneo.

Nel 1990 la Riforma storica del Corpo degli Agenti di Custodia, ora Polizia Penitenziaria, in virtù della Legge 395/1990, smilitarizzò il Corpo a Ordinamento Civile, e il Legislatore concesse la libera sindacalizzazione, di cui all'art. 39 della Carta Costituzionale.

Nonostante la mia giovane età fui contattato telefonicamente dal dr. Capece – il superiore che avevo conosciuto a Cairo Montenotte – che mi invitava a fondare con lui un sindacato storico della Polizia Penitenziaria, dandomi la possibilità di diventare uno dei più giovane dirigente sindacale della Polizia Penitenziaria, alla sola età di 21 anni.

Intanto mi ero iscritto presso l'Università di Torino alla Facoltà di scienze Politiche, grazie al suggerimento e all'incoraggiamento del grande educatore e amico del carcere di Cuneo, Vittorio Paone, figura carismatica della pedagogia italiana.

E fu ancora lui a spingermi ad aderire all'invito del dr. Capece, cosicché il 4 gennaio 1991 stipulammo lo Statuto del Sindacato SAPPE. E subito dopo ci recammo a Roma ove alla presenza del notaio dr. Famularo, il 10 gennaio 1991, fu sottoscritto l'Atto Costitutivo del SAPPE.

All'interno del quale ho ricoperto le cariche di Segretario Provinciale prima, Regionale poi e infine Nazionale, OSAPP.

Lavoravo di giorno e studiavo di notte per preparare gli esami di Scienze Politiche da sostenere all'ateneo di Torino. Ma nel frattempo un atro impegno si aggiunse: fui nominato difensore al Consiglio Regionale e Centrale di disciplina ai sensi e per gli effetti dell'art. 16 comma 2 del DL. 449 / 92, per la difesa di numerosi colleghi.

Nel 1992 effettuai la mia prima contrattazione sindacale dinanzi all'allora Ministro della Giustizia on. Martelli, con l'allora Direttore Generale dell'Amministrazione Penitenziaria Prefetto Nicolò Amato e così via. Molte altre contrattazioni seguirono a questa, col Ministro Prof. Giovanni Maria FliK e col Ministro Prof. Conso.

Nel 1994 fu organizzato il primo Convegno del SAPPE, presso

la Sala Consiliare del Municipio di Cuneo , ove tenni una relazione dal titolo "La pena e la rieducazione", alla presenza del sindaco ing. Giuseppe Menardi , del Presidente Provinciale Giovanni Quaglia, del Presidente del Tribunale di Cuneo, del Procuratore Generale di Torino S.E. dr. Silvio Pieri, del Presidente del Tribunale di Sorveglianza di Torino dr. Fornace e del Magistrato di Sorveglianza di Cuneo dr.ssa Monge.

Nel 1997 divenni Segretario Provinciale dell'OSAPP, poi ricoprii nello stesso sindacato il ruolo di Segretario Nazionale, partecipando quale relatore a numerosi Convegni in molti luoghi d'Italia: Torino, Roma, Sicilia, Sardegna, Napoli, e da ultimo a Cuneo il 2 aprile 2004 : "La Polizia Penitenziaria nella giustizia italiana". Presenti l'on. Raffaele Costa, il senatore Salerno, il senatore Brignone, l'on. Delfino, S.E. dr. Silvio Pieri - presidente della Corte di Cassazione-, il consigliere Gianfrotta – GIP del Tribunale di Torino -, il presidente del Tribunale di Mondovì dr. Masante, il Procuratore Capo di Mondovì dr. Bausone, il Magistrato del Tribunale di Cuneo dr. Caccioppoli, il Magistrato di Sorveglianza di Cuneo dott.ssa Falcone, il consigliere Baglietto del TAR Piemonte, il Vice-Presidente della Regione Piemonte on. William Casoni e numerosi avvocati di Cuneo.

Nel 2000 vinsi il Concorso come Ispettore di Polizia Penitenziaria. Così mi recai a Roma per frequentare il corso della durata di sei mesi, e il tirocinio presso la Casa Circondariale di Alessandria. Al termine del Corso, fui assegnato alla Casa di Reclusione di Saluzzo col ruolo di Vice- Comandante e talvolta anche Comandante di Reparto, e vi rimasi fino al 2001, quando mi trasferii all'Ufficio di Esecuzione Penale esterna di Cuneo in qualità di Responsabile della Sicurezza ove rimasi fino al 2005.

Mi sovviene – e per questo faccio un passo indietro – che il 18 febbraio del 2000, dopo aver ampiamente descritto il Sistema Penitenziario italiano durante un mio intervento al Convegno Internazionale di Parigi, ricevetti una prestigiosa onorificenza francese, a seguito della quale numerosi Parlamentari della Repubblica Italiana presentarono Interrogazioni al Ministro della Giustizia chiedendo la "promozione del dr. Santoro al grado di Ispettore Capo della Polizia Penitenziaria.

Mi pregio di elencare qui di seguito le Interrogazioni Parlamentari presentate a mio favore:

sen. Salerno – n.4-06-6998 del 01.07.2004;
on. Bueni – n. 4-17797 del 09.11.2005;
on. Delfino, Vietti, Rao e Ria – n. 4-04794 del 29.10.2009;
on. Avv. Del Mastro delle Vedove n. 3-06541 del 09.11.2000;
on. Ghigo – n.4-00878 del 15.11.2006;
on. Zacchera – n.4-01085 del 18.09.2008;
on. Zacchera – n.4-00475 del 01.08.2001;
sen. Brignone – n.4-01796 del 19.04.2007.

Nel 1998 avevo conseguito il titolo di istruttore di Scuola Guida, titolo questo che mi permise di istruire Allievi Agenti alla guida dei mezzi speciali della Polizia Penitenziaria. In quel periodo scrissi un libro dal titolo "Gesù è vivo", ispirato e dalle conoscenze apprese dallo studio della Storia della Chiesa e dalle profonde esperienze di sofferenza umana. Il libro, pubblicato in 22.000 copie, fu presentato a Saluzzo dal Vescovo del tempo S.E. Mons. Diego Bona. Donai alla Chiesa i diritti d'autore.

I Dirigenti Generali dell'Amministrazione Penitenziaria – tra i quali il dr. Giuseppe Rizzo, dr. Angelo Zaccagnino, dr. Aldo Fabozzi – dal 2001 al 2009 espressero su di me – dr. Santoro – un rapporto informativo comportante il punteggio massimo di 30/30, sottolineando senso del dovere e capacità organizzative non comuni nelle problematiche relative al Corpo di Polizia Penitenziaria. Vincevo intanto il Concorso di Commissario di Polizia Penitenziaria, nell'anno 2005.

Conobbi allora un insigne giurista, dott.ssa Teresa Benvenuto, magistrato di Cassazione nominata Vice-Capo dell'Ufficio Legislativo del Ministero della Giustizia e annoverata come il più giovane Direttore Generale degli affari Penali della giustizia italiana. Nacque con quest'ultima un rapporto di sincera amicizia, tanto che, ormai laureato in scienze Politiche con una tesi sui "termini massimi di custodia cautelare 303 CPP", mi indusse ad iscrivermi alla Facoltà di Giurisprudenza, ove mi laureai in concomitanza al Corso di Formazione presso l'Istituto Superiore di studi Penitenziari della durata di diciotto mesi. Discussi la mia tesi in Giurisprudenza con il Prof. Mastrocola, noto giurista e penalista Napoletano, sul "concetto di pena, misure alternative, esecuzione della pena e riabilitazione novellata con la Legge 145/2004" che ha modificato l'art. 179 del Codice Penale.

Mi iscrissi poi ad un Master presso l'Ateneo della Universidal Abad Olida CEU di Barcellona; superai l'esame di avvocato a pieni voti e finalmente vidi realizzato il mio grande sogno di diventare avvocato penalista, specializzandomi sull'Esecuzione penale e amministrativa nonché sui diritti dell'unione Europea della Corte di Strasburgo circa le direttive del CEDU. Tutto questo avviene grazie anche alla conoscenza, durante la pratica forense, di un grande penalista di Catania, avv. Biagio, detto Gino GRASSIA e di un grande penalista di Bologna, avv. Giuseppe Coliva. Avevo inoltre conosciuto nella giurisdizione amministrativa il magistrato Bernardo Baglietto, consigliere del TAR Piemonte. E' ancora così caro e vivo il ricordo delle domeniche trascorse insieme a Limone Piemonte... un paese che amo molto.

A tutti i giuristi che ho incontrato sulla mia strada – non ultimi l'avv. Donato Pace di Potenza e l'avv. Saverio Fatone di Roma – va il mio più vivo e profondo ringraziamento per ciò che del Diritto mi hanno insegnato. E' anche grazie a loro che sono diventato umile servitore della Legge.

In questi ultimi anni viaggio in lungo e in largo per l'Italia per ragioni professionali, ma vivo a Filiano per ragioni di cuore. Ho conosciuto infatti una bella splendida grande unica insostituibile donna che mi ha reso e mi rende felice, dimostrandomi il suo amore vero e il suo bene più profondo. Si chiama "Lucia" e porta già nel nome la luce la speranza la gioia di vivere. Spero che al più presto – ed è per me motivo di immensa gioia – ella possa diventare mia moglie, al fine di costruire insieme una splendida famiglia, come riconosciuto dall'art. 29 della Costituzione Italiana.

La nostra unione rispecchia bene i versi del sommo poeta Dante:

> *Amor ch'a nullo amato amar perdona*
> *Mi prese del suo voler sì forte*
> *Che nel pensier ancor non m'abbandona...*

A parte la nota amorosa, sono appassionato cultore alla continua ricerca della Giurisprudenza sia di legittimità che di merito, e dei suoi vari orientamenti sulle norme penali, di procedura penale, di esecuzione penale nonché amministrativa.

Sono un uomo molto credente, devoto di S. Pio da Pietrelcina, di cui conosco approfonditamente la storia, tanto da essere stato promotore della realizzazione di una sua statua istallata a Iazzi di Corbo, frazione di Filiano, alla presenza di autorità civili e religiose quali il sindaco e consiglieri tutti, e vari parroci della Diocesi di Potenza, tra i quali don Mariano Spera parroco di Filiano e don Jemon parroco di Dragonetti – frazione di Filiano.

Sono appassionato lettore di filosofia, in particolare degli scritti di Spinosa, Cicerone, Russell, Seneca, Marco Aurelio.

Studio e faccio riferimento molto spesso all'insostituibile testo del diritto penale italiano scritto dal chiar. Mo prof. Francesco Antolisei e all'altro scritto dal prof. Fiandaca Musco, nonché quello del Prof. Ferico STELLA, e di diritto penitenziario il testo di Canepa – Merlo e il Di Gennaro.

Spero che con le opere di tali insigni giuristi io possa continuare la mia carriera forense, avendo bene impressi nella mente e nel cuore gli insegnamenti di Madre Teresa: il compimento del proprio dovere e l'essere utile agli altri perché la felicità più grande risiede nel sorriso del nostro fratello.

Nel migliore dei miei modi, con tenacia, con passione, con amore, con fede e con intelligenza nonché con studio e competenza, continuerò il mio cammino di avvocato penalista, instancabile amante della verità illuminata dalla fede per il trionfo della "giustizia".....

Chi crede e
sarà battezzato
sarà salvo

Riguardo alle cose umane

Non ridere,

Non piangere,

Non indignarsi,

Ma capire,

Spinoza.

Secondo Spinoza, l'uomo stesso
appartiene alla natura e quindi
è una componente di Dio.
Il suo corpo è un frammento di Dio.
La stessa mente umana è una parte della mente di Dio:

*"La mente umana
è parte dell'intelletto infinito di Dio;
e perciò, quando diciamo che la mente
umana percepisce questo o quello
non diciamo altro che Dio....
si esplica per mezzo della natura
della mente umana".*

L'amicizia non tiene registri
contabili. Ritenere invece che tanto
l'amico dà, tanto deve ricevere
significa, per Cicerone,

"ridurre l'amicizia a conti troppo
gretti e meschini, per vedere
se il bilancio è pari!
La vera amicizia, secondo me,
è più ricca, più generosa
e non bada con pignoleria a non
rendere più di quanto abbia ricevuto"

Dice Russell:

*"l'affetto dei genitori,
quando è come deve essere,
aiuta certamente l'evoluzione
del fanciullo. I bambini poco amati
dalle madri spesso sono deboli
e nervosi, e talvolta si sviluppano
in loro difetti gravi....
L'affetto dei genitori fa sì
che i bambini si sentano protetti
in questo mondo pieno di pericoli
e dà loro ardire nell'esplorare
e sperimentare l'ambiente
che li circonda"*

FEDE

La parola fede è propriamente intesa come credere in un concetto, dogmi o assunti in base alla sola convinzione personale o alla sola autorità di chi ha enunciato tali concetti o assunti, al di là dell'esistenza o meno di prove pro o contro tali idee e affermazioni.

In ambito religioso la parola "fede" ha molti significati o quantomeno coloriture. A volte sta ad indicare la lealtà nei confronti della propria religione (è in questi termini che si parla, ad esempio di "fede" cattolica).

In alcune religioni, la fede è costituita dal fatto che certe asserzioni vengono ritenute vere; in altre, che non sono basate su un certo "credo" codificato, la fede consiste nella lealtà nei confronti della propria comunità religiosa.

Altre volte si intende per fede un certo modo di relazionarsi a Dio (e di assumere reciprocamente degli impegni, come nel caso dell'ebraismo).

In questo caso, "fede" diventa diventa sinonimo di "fedeltà".

Un tale modo di relazionarsi alla divinità non implica alcuna sottomissione acritica se non quella relativa alla credenza dell'esistenza della divinità stessa. Per alcuni la fede diventa elemento di identità (qualcuno può pensare a se stesso ad esempio come un "musulmano" o uno "scettico".

Il significato principale della parola "fede" (traduzione dal greco pistis), si riferisce a colui che ha fiducia, che confida, che si affida, la cui persuasione è salda. La parola greca può anche essere intesa nel senso di "fedeltà".

La lettera agli Ebrei continua illustrando il significato e il ruolo pratico della fede:

Senza la fede è impossibile essere gradito a Dio; chi infatti s'accorda deve credere che egli esiste e che egli ricompensa coloro che lo cercano, (Ebrei 11,6).

Riassumendo il concetto neotestamentario di fede, si può dire che esso è basato sull'autorivelazione di Dio, soprattutto per quanto riguarda la fiducia nelle promesse e il timore dei castighi contenuti nella Bibbia.

Inoltre, gli autori del Nuovo testamento associano la fede in Dio in Giù Cristo. Il Vangelo di Giovanni è particolarmente chiaro al riguardo, dove Gesù dice :

"Il padre infatti non giudica nessuno ma ha rimesso ogni giudizio al figlio,
perché tutti onorino il figlio come onorano il Padre.
Chi non onora il figlio, non onora il Padre che lo ha mandato"
(Giovanni, 5,22-23).

Alla richiesta :

"che cosa dobbiamo fare per compiere la Volontà di Dio?..
Gesù risponde:
"Questa e la Volontà di Dio:
Credere in Colui che egli ha mandato"
(Giovanni 6, 28-29).

A mio modesto parere la "fede" è come salire una scala più si sale in alto e più aumenta dentro noi stessi.

.

IL CRISTIANESIMO

Nato nel sec. XIII, dal greco Christianismos, latino Christianismus, designa la religione che trae la sua origine dalla predicazione della buona novella (evangelo) di Gesù Cristo e che ha caratterizzato la civiltà occidentale. È quindi una dottrina che non scaturisce da un complesso di credenze religiose quali l'animismo o l'induismo, ma da un fondatore, il quale ha provocato una svolta rispetto al giudaismo.

Dalla Teologia apprendiamo che il fondatore del cristianesimo e autore della buona novella, Cristo, è anche Dio e perciò oggetto del culto cristiano.

Per questa sua intrinseca partecipazione alla natura divina, Egli è in grado di dare ai suoi fedeli una conoscenza diretta sulla vita intima della divinità e di plasmare su di essa la sua Chiesa, perché in ogni momento essa senta crescere la sua vita nella luce e nella sostanza della Grazia, il misterioso alimento che dall'alto scende a corroborare la vita della Chiesa.

Ma Cristo si completa nella sua Chiesa non solo come luce e vita dell'anima: Egli è il Dio incarnato per adempiere alla sua missione di Salvatore del genere umano.

È il momento più alto della vita di Cristo, quello in cui si manifesta il suo amore per gli uomini: all'abisso d'iniquità del mondo Egli commisura l'abisso del suo amore, annunziando la sua morte redentrice e svelando nel contempo la fonte della vita divina, che è amore infinito che lega il Padre al Figlio nella persona dello Spirito Santo.

Su questa tipologia s'impernia tutta la vita del cristiano, che all'amore di Dio abbina quello del proprio prossimo, transustanziando la relazione umana nel fuoco dell'amore: Cristo quindi non si esaurisce nel suo momento storico, ma si perpetua nella sua Chiesa con una presenza sempre attuale e inesauribile.

Il cristianesimo è altresì una "religione del libro": infatti ha come punto di riferimento degli scritti sacri, la Bibbia, nella quale hanno il loro minimo comune denominatore tutte le "denominazioni" cristiane, al di là di differenze e divergenze talvolta rilevanti. Oggi, in senso lato, le maggiori Chiese cristiane sono la Cattolica Apostolica Romana (come si può vedere nel cattolicesimo), l'Ortodossa (Cristianesimo orientale) e quelle di derivazione protestante, quel gruppo cioè di denominazioni e di sette che ruotano attorno alle dottrine di Lutero, di Calvino e di altri riformatori religiosi. Fin dal messaggio evangelico (quello cioè riportato nei quattro Vangeli) la concezione cristiana trova la sua più pregnante espressione nell'unica preghiera raccomandata da Gesù, il Padre Nostro (Vangelo di Matteo, cap. VI, 9-13) e nelle cosiddette otto beatitudini (Matteo, cap. V, 13-12; Luca, cap. VI, 20-22). Dalla predicazione di Gesù risulta con evidenza che la relazione uomo-Dio è sentita altresì con un forte senso comunitario che si esprime fin dalle origini con un rito tangibilmente "cristiano", quello cioè della Santa Cena.

È chiaro che una caratterizzazione dell'essenza del cristianesimo comporta inevitabilmente un'interpretazione del cristianesimo stesso.

C'è tuttavia una serie di punti che sono nel cristianesimo irrinunciabili: la predicazione del regno di Dio e del suo avvento, l'asseverazione di un Dio personale che, particolamente nel Nuovo Testamento, è sentito come Padre; un'interpretazione altamente spirituale della dignità dell'uomo (anima, spirito) e un'aspirazione "rivoluzionaria", ma pacifica, a una migliore giustizia; la centralità e la necessità dell'amore: «il compimento della legge è l'amore», dice Paolo sul credere nella resurrezione corporale di Gesù. Poiché nella storia di Cristo si è configurato in Chiese, importante è il concetto di Ekklesia, un termine che trova chiara trattazione nelle lettere paoline.

L'unità della Chiesa è una formulazione tipica del cattolicesimo, la cui ecclesiologia si colloca fin dagli inizi polemicamente rispetto ad altre convenzioni volte in direzione profetico-spiritualista (richiamo diretto allo Spirito Santo).

Seguendo la partizione degli storici Bihlmeyer e Tuechle, dividiamo la storia del Cristianesimo nei seguenti periodi storici: antichità (fino al secolo VII), Medioevo, epoca delle riforme (con epicentro nel secolo XVI), epoca moderna, epoca contemporanea.

IL 1997, ANNO DI CRISTO

In particolare, il 1997 viene proposto come un anno di forte sensibilizzazione alla riscoperta di Gesù Cristo, dono del Padre all'umanità.

Egli ha qualcosa di straordinariamente originale e decisivo da dire all'uomo d'oggi, che si interroga sul senso della vita, sul destino ultimo di ciascuno e dell'umanità tutta.

In questo contesto, possiamo dire che certamente lo Spirito Santo ha assistito il Papa quando ha scelto di far precedere al 2000 tre anni di preparazione, localizzati sulle tre Persone della Trinità, Padre, Figlio e Spirito Santo, e di cominciare proprio con Gesù Cristo. Difatti dobbiamo ripartire da Gesù Cristo, riscoprire la sua figura e il suo messaggio, ma soprattutto farne "esperienza personale", viva e profonda

GESU' CRISTO : NON DOTTRINA MA PERSONA

Il cristianesimo non è tanto una filosofia, né un insieme di verità teologiche o morali; gli si fa un torto e lo si rende incomprensibile ogni volta che se ne parla come fosse una semplice dottrina o una religione fra le tante. Il cristianesimo, infatti, è essenzialmente una Persona, e questa Persona è Gesù Cristo.

Nel corso della storia, però, si è costruito su Gesù Cristo un bagaglio immenso di dottrine, di studi, di teorie, e a partire da questo nucleo, si è fissato un diritto canonico, un'etica e una strategia pastorale... sicuramente tutte ricchezze suscitate dallo Spirito Santo e che costituiscono un prezioso patrimonio della Chiesa cattolica.

Tuttavia il mondo di oggi, il mondo del 2000, è impreparato a ricevere questo grande patrimonio di dottrina, di esperienze e di istruzioni.

È come mettere un sontuoso vestito di broccato addosso a un bambino, che non è in grado di reggerlo.

RISTO È VIVO

Perciò dobbiamo ripartire dall'essenziale. Per rendere Gesù comprensibile al mondo d'oggi, dobbiamo ripartire dal nucleo centrale con cui il cristianesimo ha conquistato il mondo. Questo nucleo era l'annuncio di Gesù Cristo, nato, vissuto, soprattutto morto e risorto per la remissione dei peccati, per la vita nuova degli uomini.

Quando poi, in seguito a questo primo annuncio, una persona (lontana dalla Chiesa, o addirittura fuori della Chiesa) prova magari una semplice curiosità o il desiderio o il bisogno di conoscere Gesù Cristo, allora, con il sostegno e l'aiuto della Chiesa, può scoprire anche tutta la ricchezza spirituale, teologica ed etica del cristianesimo.

PERCHÉ AVETE PAURA?

La storia di questi 20 secoli di cristianesimo dimostra che là dove un uomo è cambiato profondamente (come San Francesco di Assisi, Padre Pio e moltissimi altri) intorno a lui nasce una nuova realtà, una nuova vita, un mondo nuovo.

Nella nostra società sono presenti contrasti sociali e politici, ai quali si uniscono anche le preoccupazioni per il nostro pianeta minacciato da numerose o gravi forme di inquinamento.

A livello personale cresce sempre più lo "stress", provocato dall'attivismo esasperato, dalla competitività, dal culto dell'efficienza, dalla difficoltà dei rapporti interpersonali, dalla crisi dei valori... Questa situazione complessa e tormentata richiede una risposta. Per ottenerla, il confronto con Gesù Cristo non solo è utile, ma è necessario. Egli propone un ideale di vita, già realizzato perfettamente nella sua Persona e fondato sulla non violenza, sul perdono, sull'attenzione verso gli "ultimi", sul dono di sé.

Nei Paesi del benessere i problemi maggiori non solo quelli esterni, ma quelli interni all'uomo. Proprio questi problemi spingono la gente a cercare esperienze religiose anche al di fuori del cristianesimo, in religioni che hanno tutte una caratteristica positiva soltanto in apparenza. Infatti al centro di queste religioni non c'è Dio, ma l'uomo, la sua realizzazione, il suo successo, il suo benessere; sono religioni ad uso e consumo dell'uomo. Può sembrare che esse rispondano ai problemi, e dunque di una religione che non dà risposte in nome dell'eterno, dell'assoluto, di Dio, evidentemente se ne può fare a meno, perché può essere benissimo sostituita, ad esempio, da qualsiasi psicologia del profondo.

Allora, cosa può significare Gesù Cristo per l'uomo d'oggi?

Nel Vangelo troviamo subito una frase di Gesù molto frequente: "Non abbiate paura, perché avete paura?". Il Vangelo dà all'uomo un fondamento, lo la sentire figlio di Dio, un figlio più prezioso dei passeri e dei gigli del campo.

Quindi aiuta l'uomo a mettersi su un terreno solido, a sentirsi meno esposto nella vita, meno solo in questo universo.

CRISTO, NOSTRA SPERANZA

Soprattutto, Gesù Cristo dà all'uomo la speranza. Fra le tre virtù teologali, che sono - come si sa - la fede, la speranza e la carità, la speranza è la parente povera.

Si parla troppo poco della speranza. Invece è fondamentale sperimentare che dal messaggio cristiano sboccia una solida speranza anche per l'uomo d'oggi.

Questa speranza si fonda sul fatto che, in Cristo, l'uomo ha vinto la morte, ha vinto l'angoscia del futuro. È strano e curioso che Gesù non parli di speranza durante la sua vita, ma la sua risurrezione ne ha dischiuso la sorgente.

Un poeta francese, che ha scritto un meraviglioso poemetto sulla speranza, ad un certo punto ci presenta questo simpatico quadretto: le tre virtù teologali sono come tre sorelle, due grandi e una bambina; esse camminano tenendosi per mano, la bambina al centro e le due più grandi ai lati; tutti quelli che le guardano pensano che sono la fede e la carità, cioè le due sorelle maggiori, a condurre la bambina; ma è vero il contrario: è la speranza che conduce le altre due, è la speranza di ogni cosa.

Nel Mondo d'oggi questo è un messaggio fondamentale: abbiamo bisogno di speranza per vivere. E Gesù Cristo ha la più grande speranza da darci, perché Lui ha vinto la morte e perché ci ha assicurato che siamo amati da Dio.

All'uomo del nostro tempo dà anche qualcosa che può riempirgli il cuore in questa strana solitudine in cui vive, pur trovandosi immerso nella folla, nel vortice delle città, nella comunicazione più planetaria che mai sia esistita.

UN INCONTRO CHE CAMBIA LA VITA

Abbiamo presentato alcune risposte che Gesù Cristo può dare agli uomini del nostro tempo, avviati verso lo straordinario traguardo del 2000. Ma è necessario farci una domanda che ci coinvolga direttamente, che metta in gioco la nostra stessa esperienza: chi è Gesù Cristo per ciascuno di noi?

Possiamo rispondere a questa domanda rifacendoci a un testo di S. Paolo. Egli, prima descrive la sua vita presentandosi come ebreo, come fariseo, come persona colta, per giungere poi a dire che, a partire da un certo punto, tutti quelli che per lui erano titoli di vanto, sono diventati di colpo "perdita, spazzatura". Il cambiamento profondo e definitivo è avvenuto quando ha incontrato Gesù Cristo come suo Signore. Quell'incontro ha segnato per Paolo "un prima" e "un dopo", ha diviso in due la sua vita.

La stessa cosa potrà avvenire anche per noi.

Tutti i nostri titoli, le nostre competenze, la nostra cultura (anche quella filosofica e teologica) ci appariranno come "spazzatura" di fronte a una conoscenza "eminente" (cioè profonda e vitale) di Gesù Cristo, accolto come nostro personale Signore.

CHI CREDE E SARÀ BATTEZZATO SARÀ SALVO

Non si può parlare di Gesù senza incontrare il Battesimo, il sacramento che il Papa ci ha invitato ad approfondire nel primo anno di preparazione prossima all'Anno Santo del 2000.

Infatti, ci sono due modi molto concreti di venire in contatto con Gesù, due modi che sono come due scelte che ci sono state proposte in prossimità di quell'avvenimento straordinario.

Oppure possiamo incontrarlo dall'interno. Percorrendo questa seconda strada incontriamo il Battesimo, in quanto sacramento che ci incorpora a Cristo e ci fa entrare in un rapporto nuovo con Lui.

Dove sta la differenza tra questi due modi di incontrarlo? Nel primo caso l'incontro con Gesù Cristo a volte può essere questo: siamo disposti a sentir parlare di Lui, ma non vogliamo sentir parlare della Chiesa né dei sacramenti.

Questo discorso, anche se può avere una giustificazione a livello concreto, può nascondere un ambiente terribile. Può significare che noi ci scegliamo un Gesù Cristo a nostro uso e consumo e non accettiamo il vero Gesù Cristo che è quello del Vangelo e che oggi vive nella Chiesa.

UN DONO CONGELATO

Però, perchè fare un discorso sul Battesimo a cristiani che sono già battezzati?

Probabilmente il Papa sollecitava questa riflessione perché si sa che per la maggioranza dei cristiani il battesimo è come "un dono congelato".

Sì, un giorno abbiamo ricevuto il battesimo, però adesso non agisce più nella nostra vita cristiana, non ci impegna più a vivere secondo l'insegnamento del Vangelo.

Gesù ha detto: "Chi crede ed è battezzato, sarà salvo". Non dice soltanto: "Chi è battezzato, sarà salvo". Dunque, le condizioni perché il battesimo sia efficace sono due: credere ed essere battezzati. Se ne manca una, il battesimo non è più operante. Avviene come nella corrente elettrica: se manca uno dei due poli, la luce non si accende.

UNITI PER SEMPRE IN CRISTO

Pertanto ecco l'importanza della scoperta contemporanea di Cristo e del nostro battesimo, un sacramento da cui può venire una visione completamente diversa della vita e attraverso il quale possiamo avere un contatto con Gesù Cristo non solo ideologico, o cerebrale, o culturale, ma vivo, personale.

Nel Battesimo noi siamo uniti a Gesù Cristo, diventiamo sue membra, e questa è una cosa tanto grande che se per qualcuno l'anno 1997 fosse stata l'occasione per riscoprire il proprio Battesimo, il proprio legame interno, vivo, vero, con Gesù Cristo, sarebbe stata questa la miglior risposta ai desideri del Papa nel proporre per quell'anno la figura di Gesù Cristo.

P.S.: Quando uno è unito a Cristo è una creatura nuova: le cose vecchie sono passate; tutto è diventato nuovo. E questo viene da Dio che ci ha riconciliati con sé per mezzo di Cristo e ha dato a noi l'incarico di portare altri alla riconciliazione con lui (I Corinzi 5, 12, 18).

UNA RISPOSTA PER TE

Questa strada, che conduce alla scoperta o alla riscoperta di Gesù Cristo, è proponibile anche e soprattutto in quelle nazioni cattoliche in cui c'è un esodo dalla Chiesa, un disinteresse e un'estraniazione crescente (e l'Italia non è molto lontana da questa situazione). Un esodo verso forme di religiosità moderna ed improvvisata, verso nuove religioni, nuove sette. Succede così perché molte persone hanno bisogno di un contatto molto semplice con il divino, con l'assoluto, con l'eterno, che non trovano più in una Chiesa, che dà tutto ciò per scontato e, quindi, offre un'infinità di altre cose molto più progredite.

A queste persone, invece, bisogna dare la possibilità di stabilire un contatto personale con Gesù, come loro Salvatore. Tutto deve ripartire da qui.

I cristiani veri, motivati, sono quelli che hanno stabilito questo contatto con Lui, come avviene quando si inserisce la spina in una presa elettrica: lì si accende una luce. La stessa cosa avviene quando una persona instaura un contatto vivo, esistenziale, con Gesù Cristo. Scegliendo di mettere Cristo al centro della preparazione dell'anno 2000, il Santo Padre ha centrato il punto essenziale. Ma c'è il pericolo che questa intuizione del Papa sia stata attuata magari scrivendo dei libri ed esponendo nuove, raffinatissime dottrine su Gesù Cristo, dimenticando l'intento fondamentale del Papa :presentare Cristo in modo credibile, vivo, esistenziale.

Il grande filosofo Kierkegaard che, oltre ad essere il padre dell'esistenzialismo era anche un grande predicatore, diceva che l'annuncio cristiano non è comunicazione di idee, ma comunicazione di esistenza.

Pertanto, quell'anno dedicato a Gesù Cristo sarà stata una grande ripresa cristiana, se sarà stata l'occasione per comunicare agli altri l'esperienza di Cristo.

LA CONVERSIONE: UNA NUOVA PARTENZA

Per vincere i mali del nostro mondo è necessario l'impegno di tutti a diversi livelli e in campi diversi, ma alla base di tutto sta il cambiamento della mente e del cuore, sta quella che in termini cristiani viene chiamata "conversione". E anche qui è determinante il confronto con Gesù Cristo, che pone la radice di ogni male dentro l'uomo, cioè nel peccato, dal quale scaturisce ogni violenza sugli altri uomini.

Gesù cambia il mondo cominciando a cambiare la persona: esattamente il contrario di quello che avviene in ogni altro tipo di rivoluzione o di cambiamento sociale, in cui si vuole cambiare prima le strutture e le istituzioni sociali, nella convinzione che l'uomo nuovo emerga poi dalla società nuova; il metodo di Gesù su questo punto diverge di 360 gradi. Gesù propone la conversione, che significa prima di tutto un profondo cambiamento della persona, perché, altrimenti, ogni struttura, ogni istituzione che l'uomo mette in piedi, riprodurrà inevitabilmente gli inconvenienti che ha cercato di evitare in precedenza.

È curioso, a questo riguardo, quanto San Paolo scrive ai cristiani del suo tempo: "Non conformatevi alla mentalità di questo mondo, ma trasformatevi, rinnovandovi nel profondo della vostra mente". Paolo interpretava così il pensiero di Gesù; secondo la nostra logica, ci saremmo aspettati che Paolo avesse detto: "Non conformatevi a questo mondo, ma trasformatelo", invece dice "trasformatevi". Quindi, se desidera veramente cambiare qualcosa nel mondo, l'uomo deve cominciare a cambiare se stesso.

È facile voler cambiare gli altri. Tutti noi, probabilmente, siamo portati a cambiare le cose intorno a noi, a cominciare dalla famiglia, dove la moglie vuole cambiare il carattere del marito e il marito quello della moglie, sicché nessuno comincia a lavorare su se stesso cosicché non cambia mai nulla.

Il metodo di Gesù è davvero rivoluzionario, di una rivoluzione radicale, che possiamo definire "copernicana". Prima di Copernico si concepiva il mondo come se la terra fosse al centro e il sole e tutto l'universo girassero attorno ad essa. Invece l'astronomo scoprì che le cose stavano diversamente: è il sole a rimanere fermo, almeno relativamente, e la terra vi gira intorno.

Una rivoluzione copernicana nel campo dello spirito si verifica quando smettiamo di volere che la gente, che il mondo intero, girino intorno a noi e invece ci mettiamo noi a girare intorno agli altri, a servire gli altri. La metanoia, cioè la conversione, è l'inizio del Vangelo. Non per nulla, Gesù cominciò a predicare proprio con queste parole "Convertitevi e credete al vangelo".

DOVE INCONTRARLO?

Se senti il bisogno d'incontrare Gesù, di rinnovare la tua fede in Lui, l'hai già incontrato. Vai in una chiesa, nella tua parrocchia, parla con un sacerdote: ti aiuterà ad amarlo, ti perdonerà i peccati, ti insegnerà quello che Lui ci ha comandato, ti aiuterà a perseverare nella fede in Lui.

Non devi aver paura: Gesù è la mia gioia, la mia vita. Ti ama. Gesù è Vivo!

P.S.: *"Gesù disse non abbiate paura. Andate a dire ai miei discepoli di andare in Galilea: là mi vedranno". (Matteo 28, 10)*

Gesù si avvicinò e disse: "A me è stato dato ogni potere in cielo e in terra. Perciò andate, fate diventare miei discepoli tutti gli uomini del mondo; battezzateli nel nome del padre, del Figlio e dello Spirito Santo; insegnate loro ad ubbidire a tutto ciò che vi ho comandato. E sappiate che io sarò sempre con voi, tutti i giorni sino alla fine del mondo".

(Matteo 28 ,18-20)

LA FEDE MATURA ADAGIO

Due parabole molto consolanti quelle che il vangelo ci propone: quella del seme e del granello di senape. Due parabole che invitano a non lasciarci abbattere dalle difficoltà. Il cammino della fede procede come il seme: per lo più è un cammino sotterraneo e invisibile. La fede non spunta in un giorno, ma ha bisogno di maturare lentamente.

La fede non è neppure un risultato di frenetico attivismo, ma anzitutto un dono che chiede soltanto di essere accolto con gioia e disponibilità. Non è sui grandi numeri o sulle grandi realizzazioni che si misura la qualità della fede. Essa piuttosto ha bisogno di profondità, proprio come il seme. D'altronde gli stessi inizi del Regno di Dio con Gesù sono stati ben modesti, eppure la parola pazientemente seminata ha poi prodotto il cento per uno.

È importante non perdere mai la fiducia nella consapevolezza che quelli che noi potremmo vedere sono appena gli inizi di ciò che si compirà alla fine dei tempo. La storia del Cristianesimo è costellata di imprese e di avventure che agli inizi sembravano insignificanti o impossibili e che sono invece approdate a risultati impensabili e imprevedibili. Tutto questo perché ci affidiamo alla forza irresistibile della Parola, cui nulla è impossibile.

L'AMICIZIA E IL RAPPORTO IN FAMIGLIA

Il valore fondamentale in cui credere è l'amicizia, ma in questo caso bisogna fare una distinzione tra ragazzi e ragazze. I primi hanno bisogno del gruppo, tanti amici; le ragazze invece preferiscono avere l'amica del cuore con la quale confidarsi nei momenti di difficoltà. Invece, purtroppo, il rapporto in famiglia, soprattutto con i genitori, esiste poco, ricco di bugie anche per piccole cose. Ciò nonostante, per tutti la famiglia è ancora un punto di riferimento che favorisce la crescita ed una maggiore possibilità di esprimersi.

Un identikit dell'adolescente non è semplice, sono infatti troppo diversi l'uno dall'altro, anche se hanno in comune la voglia di vivere, l'orgoglio, il sentimentalismo e in alcuni casi la timidezza. Un'ultima caratteristica è la voglia di vestirsi alla moda per imitare gli altri ma anche per non sentirsi esclusi da un certo gruppo al quale si desidera "appartenere".

Per appartenere a un gruppo ci si veste alla moda; per partecipare alle amicizie dei gruppi parrocchiali basta la volontà di crescere nel modo più vero sia come uomo, sia come cristiani.

"SIATE SCHIAVI DEL SIGNORE, CRISTO"

Nel corso della storia milioni di persone hanno sofferto sotto il giogo della schiavitù. Ad esempio, migliaia di anni fa gli israeliani patirono molte sofferenze per mano dei sovrintendenti egiziani. Come dice la Bibbia, gli egiziani stabilirono su di loro dei sovrintendenti ai lavori, che li opprimessero con le loro angherie, costringendoli in particolare a fare mattoni.
Oggi in molti paesi le persone non sono schiave in senso letterale, ma molti devono lavorare a lungo e duramente, a volte in condizioni addirittura ostili. Sono soggette al pesante fardello della schiavitù economica.

Esiste però un tipo di schiavitù che non è gravoso. L'apostolo Paolo rivolse questa esortazione ai suoi compagni di fede "Siate schiavi del Signore, Cristo". (Colossesi 3:24) Quelli che decidono di divenire schiavi di Cristo trovano sollievo dai loro gravosi carichi. Gesù stesso disse: "Venite a me, voi tutti che Siete affaticati e oppressi, e io vi ristorerò. Prendete su di voi il mio giogo e imparate da me, poiché io sono d'indole mite e modesto di cuore, e troverete ristoro per le anime vostre, poiché il mio giogo è piacevole e il mio carico è leggero".- Matteo 11:28 - 30.

Accettare il giogo di Cristiano non si esime dall'obbligo di provvedere materialmente alla nostra famiglia. (1 Timoteo 5:8) Ci libera però da molte attività materialistiche che rendono schiavi gli uomini. Invece di fare delle comodità materiali lo scopo principale della vita, i cristiani si accontentano del necessario.

I cristiani trovano anche ristoro nell'assolvere la loro responsabilità di predicare la "buona notizia" del Regno di Dio. (Matteo 24:14) È qualcosa che dà loro vera gioia e soddisfazione!

Dovremmo essere grati di poter essere schiavi del Signore, Cristo !

GIUSTIZIA

Nel Diritto Positivo Italiano o nel Diritto Italiano Moderno, viene definito come un principio morale, virtù, consistente nel dare a ciascuno il dovuto, nel giudicare con equilibrio: comportarsi, agire, valutare secondo giustizia, giustizia sociale, equa ripartizione dei beni e, in particolare, abolizione di ogni forma di strumento.

La giustizia è una azione volta a realizzare o a ripristinare la giustizia, rendere, fare giustizia, farsi giustizia da sé, non ricorrere all'Autorità Giudiziaria, ma alla vendetta personale, giustizia sommaria, condanna severa e sbrigativa in assenza di un regolare processo.

La giustizia significa attuazione delle norme giuridiche, potere di sancire i comportamenti illeciti da parte dell'Autorità Giudiziaria: Amministrazione della giustizia:

Giustizia Penale;

Giustizia Civile;

Giustizia Amministrativa;

L'autorità giudiziaria stessa: cadere nelle mani della giustizia.

La giustizia è in corrispondenza di un'azione alla norma morale e giuridica o alla realtà della cosa: giustizia di una decisione, di un provvedimento.

Si delineano diverse forme di giustizia in base ai diversi significati che si possono attribuire ai termini che compongono la definizione.

–**la giustizia legale,** (legalità) o conformità dei comportamenti sociali alle leggi;

–**la giustizia commutativa,** (detta anche correttiva compensativa, contrattuale) o correttezza degli scambi tra individui;

–**la giustizia distributiva,** (o allocativa, riparativa o dispersiva quale equità dell'assegnazione;

–**la giustizia ontologica,** (o naturale) come riconoscimento delle spettanze di ogni uno;

–**la giustizia legale,** ritenere giusto chi osserva la legge. In questa dimensione, la giustizia coincide con l'osservanza formale delle norme a prescindere dai contenuti o dai valori;

–**la giustizia commutativa,** consiste nel portare riparazione nelle relazioni private. In questo senso la giustizia regola e controlla la correttezza procedurale degli scambi, delle transazioni e dei contratti oppure interviene a ratificare e compensare i reati, ossia la frode, il furto o la violenza;

-la giustizia distributiva, coincide con l'allocazione di beni che possono essere divisi tra i membri della comunità politica sul piano sociale. Si tratta di una forma di giustizia triangolare o tripolare, gerarchia, indiretta (in quanto il rapporto interindividuale è mediato dalla società come un tutto) nella dimensione pubblica, regolata dal criterio della proporzionalità geometrica secondo la proporzione tra la quantità dei beni da assegnare e il merito, valore di coloro ai quali i beni vanno assegnati.

-la giustizia ontologica, ritiene giusto chi rispetta l'uguaglianza. La giustizia consiste nel riconoscimento dell'uguaglianza tra uomini come bene assoluto e universale, al fine di garantire a ciascuno ciò ché è suo nei confronti degli altri. In questo senso la giustizia ontologica consiste nel riconoscimento delle spettanze di ogni uomo in base al diritto naturale, tutto ciò avviene dinanzi all'autorità giudiziaria adita attraverso un processo penale, civile ed amministrativo.

Che cos'è il processo penale:

Il processo, in diritto, è il procedimento attraverso il quale viene esercitata la funzione giurisdizionale. Esso consiste in una sequenza ordinata di atti giuridici, gli atti processuali, posti in essere dalle parti (incluso il pubblico ministero, quale parte pubblica) e dal giudice o da suoi ausiliari (quali, nell'ordinamento italiano, il cancelliere o l'ufficiale giudiziario), compiuti secondo le norme processuali, preordinati all'emanazione dell'atto terminale, che è un provvedimento giurisdizionale.

Come sinonimi di processo vengono usati anche i termini causa e giudizio. Talvolta viene usato anche il termine procedimento che, a rigore, si riferisce ad un concetto più ampio, essendo il processo un particolare tipo di procedimento.

Nel diritto processuale penale italiano, dopo l'entrata in vigore del nuovo codice di procedura penale, distingue il processo dal procedimento penale: il processo penale comprende tutte le attività dall'esercizio dell'azione penale fino al passaggio in giudicato della sentenza; il procedimento penale comprende, oltre a tali attività, anche le indagini preliminari, svolte dal pubblico ministero e dalla polizia giudiziaria, volte a permettere al pubblico ministero di decidere se esercitare o meno l'azione penale, a' sensi e per gli effetti di cui all'art. 112 della Costituzione,come tra l'altro ribadito da Giurisprudenza della Corte Costituzionale: il principio dell'obbligatorietà dell'azione penale espressa nell'art. 112 della Costituzione non esclude che, indipendentemente dall'obbligo del P.M, l'ordinamento stabilisca determinate condizioni per il provvedimento o la prosecuzione dell'azione penale, anche in considerazione degli interessi pubblici perseguiti dalla Pubblica Amministrazione Cfr. Corte Cost. 12-7-1967, n. 105, (Pd.4696), Inoltre l'obbligatorietà dell'esercizio dell'azione penale sancita dall'art. 112 della Cost. È volta a garantire l'indipendenza nello svolgimento della propria funzione e ad assicurare l'uguaglianza dei cittadini di fronte alla legge penale esercitanda dal P. M. perciò confliggono con l'art. 112 della Cost. E in riflesso con l'art. 3 della Cost. Cfr. così Corte Cost. 26-7-1979, n. 84, (pd. 9927).

La direttiva della Corte Europea dei Diritti dell'Uomo e del Trib. I Grado Comunità Europee.

Secondo le direttive della Corte Europea dei Diritti dell'Uomo un individuo che in maniera plausibile si ritiene abbia subito una violazione dei diritti riconosciuti dalla convenzione deve disporre di un ricorso davanti ad una istanza nazionale per ottenere una decisione sulla sua doglianza e, se del caso, . per ottenere riparazione, Cfr, ex. Multis,

Corte Europea dei Diritti dell'Uomo, 27/4/1988;
Corte Europea dei Diritti dell'Uomo, 6/3/1987;
Corte Europea dei Diritti dell'Uomo, 25/3/1983;

L'effettività del diritto dell'art. 6 par. 1, CEDU, richiede che un individuo goda della possibilità chiara e concreta di contestare un atto che violi i suoi diritti, Cfr. tra le tante, Corte Europea dei Diritti dell'uomo, 4/12/1995;

l'art. 6, par. 1, CEDU, garantisce a ciascuno il diritto a che un Tribunale esamini tutte le contestazioni relative ai suoi diritti e doveri, Cfr, Corte Europea dei Diritti dell'Uomo, 9/10/1979;

l'imparzialità prevista dall'art. 6, par.1, CEDU si sostanzia in due piani: quello soggettivo, che si riferisce al foro interiore del magistrato, ritenuto imparziale fino a prova contraria, e l'altro, oggettivo, nel quale vengono in considerazione quelle condizioni esteriori, e anche le semplici apparenze che debbono assicurare una giustizia imparziale, Cfr. Corte Europea dei Diritti dell'Uomo, 26/10/1984;

in rispetto agli artt. 6 e 13 del CEDU, la presenza di una istituzione giudiziaria in senso stretto, purché i suoi poteri e le garanzie procedurali offerte dalla stessa siano in grado di garantire un ricorso effettivo il quale – in ordine al profilo in disamina e sinonimo di imparzialità ed indipendenza e di un giusto processo, Cfr. Corte Europea dei Diritti dell'Uomo, 4/7/2006;

Deve essere valutata l'imparzialità del giudice, di cui all'art. 6 par.1 CEDU, sia sotto il profilo oggettivo, onde assicurare dell'esistenza di garanzie sufficienti ad escludere ogni legittimo dubbio circa la sussistenza dell'imparzialità medesima e sia sotto il profilo soggettivo, avendo riguardo alla convinzione ed al comportamento personale del giudice, Cfr. Corte Europea dei Diritti dell'Uomo, 16/11/2000;

L'art. 5 CEDU, proclamando nel suo par.1 il diritto alla libertà, intende la libertà fisica della persona e ha per obiettivo di assicurare che nessuno ne sia privato in maniera arbitraria, Cfr. Corte Europea dei Diritti dell'Uomo, 25/6/1996;

Il principio della presunzione di innocenza non costituisce solo garanzia processuale in materia penale, ma implica che, non solo nessun giudice o Tribunale, ma anche nessun'altra autorità pubblica dichiari che una persona è colpevole di un'infrazione prima che la sua colpevolezza sia stata accertata da un giudice, Cfr. Trib. I Grado Comunità Europee Sez.III, Sent., 8/7/2008, n. 48/05;
la presunzione di innocenza sancita dall'art. 6, par.2 CEDU è pure violata se una decisione giudiziaria concernente un imputato

rispecchia la sensazione che egli sia colpevole, quando la sua colpevolezza non è previamente provata legalmente, Cfr. Corte Europea dei Diritti dell'Uomo, 10/2/1995;

Il diritto alla presunzione di innocenza di cui all'art. 6, par., 2 CEDU deve ritenersi violato nel caso in cui una decisione giudiziaria o un provvedimento di un pubblico ufficiale resi nei confronti dell'accusa riflettano l'opinione che questo sia colpevole prima che ciò sia provato ai termini di legge. Tale principio vale non solo per il procedimento penale pendente, ma anche per tutti quei processi conseguenti o concomitanti a questo.

Tale diritto sorge in relazione allo specifico capo d'accusa, qualora sia provata la colpevolezza; esso non è suscettibile di coprire le doglianze mosse al contegno dell'accusa nel corso dell'irrogazione della pena, salvo che le stesse siano di tale natura inappropriata rispetto a un reato per il quale la persona confiscata non sia stata effettivamente giudicata colpevole; qualora sussista a favore del confiscato una pronuncia di assoluzione, le predette misure costituiscono violazione del diritto alla presunzione di innocenza, Cfr. Corte Europea dei Diritti dell'Uomo, Sez.III, 1/3/2007;

l'art. 5, comma 3, CEDU, che sancisce il diritto di ogni persona arrestata o detenuta di essere giudicata entro un termine ragionevole, o liberata nel corso del procedimento, si riferisce unicamente all'art. 5, par.1 CEDU, Cfr. Corte Europea dei Diritti dell'Uomo, 18/6/1971;

E' illegittimo, rispetto ai vincoli rigorosi previsti dal par. 3 dell'art. 5 CEDU, un periodo di detenzione senza che questo sia preceduto da un controllo giudiziario, Cfr. Corte Europea dei Diritti dell'Uomo, 18/12/1996;

Viola l'art. 6, CEDU, quando il risultato della prova sia risultato poi, anche a giudizio della Corte, essere effettivamente rilevante per la difesa ai fini del giudizio, il consapevole rifiuto di acquisire una prova da parte dell'Autorità giudiziaria, anche nel periodo delle indagini affidate a rappresentante pubblico dell'accusa, Cfr. Corte Europea dei Diritti dell'Uomo, 27/4/2000;

l'autorità che dispone le intercettazioni, per prevenire abusi facilmente attuabili con tale strumento, deve sempre garantire l'effettività del controllo su di esse, Cfr. Corte Europea dei Diritti dell'Uomo, 29/3/2005;

La Moldava è stata condannata perché le autorità giudiziarie hanno abusato del sistema di intercettazioni di comunicazioni che si presenta privo di qualsiasi garanzia legale, Cfr. Corte Europea dei Diritto dell'Uomo, Sez. IV, 10/2/2009;

Le disposizioni del codice di procedura penale Italiano all'art. 268, comma 3 del c.p.p. devono essere interpretate sempre restrittivamente, posto che l'autorità giudiziaria deve sempre controllare le operazioni di intercettazione al fine di evitare ogni abuso, anche quando lo svolgimento delle operazioni sia delegato ad autorità di polizia, Cfr. Corte Europea dei Diritti dell'Uomo, 29/3/2005;

Integra una violazione dell'art. 6, par. 1 e 3 del CEDU, la condanna in grado di appello dell'imputato assolto in primo grado, sulla base della mera rivalutazione contraria delle deposizioni a discarico rese in primo grado, senza accogliere la richiesta di nuova escussione testimoniale, Cfr. Corte Europea dei Diritti dell'Uomo, 18/5/2004;

La riforma della sentenza assolutoria in appello, basata unicamente sugli stessi elementi per i quali il giudice di primo grado aveva escluso la possibilità di accertare la responsabilità dell'imputato, comporta una Violazione dell'art. 6 della Convenzione, Cfr, Corte Europea dei Diritti dell'Uomo, Sez. III, 4/6/2013;

La mancata possibilità di contestare le irregolarità commesse dalle autorità, nel prorogare la durata delle intercettazioni, giustifica in sede di controllo di legittimità dal fatto che trattandosi di intercettazioni disposte sulla linea di un terzo, il ricorrente non era legittimato a sindacare le condizioni di proroga, integra una violazione dell'art. 8 Conv. Eur. Dir. Uomo, Cfr. Corte Europea dei Diritti dell'Uomo, 24/8/1998;

Viola l'art.8 della Convenzione Europea, la conservazione, in una database, delle impronte digitali, di un imputato assolto, comportando ciò un'interferenza sproporzionata con il diritto al rispetto della sua vita privata né potendo ciò essere considerato necessario in una società democratica, Cfr. Corte Europea dei Diritti dell'Uomo, Sez. V, 18/4/2013;

conservare le impronte digitali di un soggetto incensurato in una database nazionale costituisce una indebita ingerenza nel diritto al rispetto della vita privata, Cfr. Corte Europea dei Diritti dell'Uomo, Sez.V, 18/4/2013;

La Corte Europea ha ritenuto sussistente la violazione affermando che, una volta divenuta definitiva la sentenza di assoluzione, qualsiasi dubbio circa la responsabilità penale, anche se contenuta nella stessa decisione di assoluzione, deve ritenersi in contrasto con il principio riconosciuto nella convenzione, Cfr. Corte Europea dei Diritti dell'Uomo, Sez.III, 10/7/2001;

La persistenza di un ragionevole dubbio che la persona abbia commesso un delitto è condizione essenziale per la continuazione della detenzione, ma dopo un certo periodo di tempo, non risulta più sufficiente. Laddove la detenzione si protragga, quindi l'uso da parte del tribunale, di motivazioni stereotipate sul punto costituisce violazione dell'art. 5, comma 3, Cedu. Cfr. Corte Europea dei Diritti dell'uomo, 23/05/2006

Se dal silenzio dell'accusato in sede di interrogatorio davanti alla polizia giudiziaria, il giudice trae elementi contra reum, si ha violazione dell'art. 6, par. 1 CEDU, dato che non può derivare nessuna conseguenza negativa dal fatto che l'imputato eserciti un proprio diritto. Cfr. Corte Europea dei Diritto dell'Uomo, 08/10/2002

Costituisce violazione dell'art. 8 CEDU, relativo al diritto al rispetto della vita privata e familiare, perché il controllo sulla corrispondenza di detenuti in regime di applicazione dell'art. 41-bis, dell'art. 18-ter della legge n. 354 del 1975, introdotto con la legge n. 95 del 2004, non può essere esercitato sulle missive indirizzate al proprio difensore di fiducia ed agli organi internazionali competenti in materia di diritti umani. Cfr. Corte Europea dei Diritto dell'Uomo, 20/01/2009, n. 24424/03

Costituisce violazione dell'art. 8 CEDU, relativo al diritto al rispetto della vita privata e familiare, perché il controllo sulla corrispondenza di detenuti in regime di applicazione dell'art. 41-bis, dell'art. 18-ter della Legge n. 354 del 1975, introdotto con la Legge n. 95 del 2004, non può essere esercitato sulle missive indirizzate al proprio difensore di fiducia ed agli organi internazionali competenti in materia di diritti umani. Cfr. Corte Europea dei Diritto dell'Uomo, 19/01/2010, n. 24950/06

La sofferenza fisica o psichica dovuta ad una malattia che sopraggiunge naturalmente può rientrare nell'art. 3 del CEDU, e sé o rischia di essere aggravata dalla detenzione o dalla condizione della stessa, Cfr. Corte Europea dei Diritti dell'Uomo, 29/4/2002;

Per costante giurisprudenza della Corte Europea dei Diritti dell'Uomo, ha più volte ribadito che in seguito alla Violazione del diritto della vita privata, garantito dall'art. 8 della Convenzione per la salvaguardia dei diritti dell'Uomo e della libertà fondamentale, lo Stato Italiano Va Condannato al risarcimento del danno morale, Cfr. Corte Europea dei Diritti dell'Uomo, 19/2/1998;

Pronunciandosi su un caso che vedeva coinvolto detenuto che aveva denunciato di essere stato maltrattato dagli agenti di polizia penitenziaria che erano soliti spruzzargli addosso uno spray al peperoncino quale forma di punizione, la Corte di Strasburgo ha, condivisibilmente, ritenuto che lo spray al peperoncino non deve essere utilizzato in spazi ristretti e che il suo uso non era giustificato, in quanto gli agenti di polizia penitenziaria hanno a disposizione mezzi alternativi per immobilizzare i detenuti, cfr. Corte Europea dei diritti dell'uomo Sez. I, 13/2/2014, n. 66393/10

La pena dell'ergastolo, così come l'esecuzione di una pena detentiva di lunga durata, pone dei problemi di compatibilità con l'art. 3 CEDU allorquando non esista alcuna speranza che il condannato possa beneficiare di misure quali la libertà condizionale, Cfr. Corte Europea dei Diritti dell'uomo, 14/1/2003;

A seguito della sentenza della Grande Ghambre della Corte Europea dei diritti dell'Uomo n. 10249/03 del 17 settembre 2009 (Scoppola contro Italia), la convenzione della pena dell'ergastolo in quella di anni trenta è dovuta, in sede esecutiva, solo nel caso di giudizio abbreviato ammesso tra il 2 gennaio ed il 24 novembre 2000 e cioè nella vigenza dell'art. 30 comma primo, lett. B, L. 479del 1999, cfr. Cass. Pen. Sez. I, 10/01/2014, n. 4008 Rv. 258272.

Ai fini di rendere la pena perpetua compatibile con l'art. 3 della convenzione sono necessari meccanismi che consentono, anche a distanza di anni, una revisione della condanna, Cfr. Corte Europea dei Diritti dell'Uomo, 9/7/2013;

Le condizioni di vita di molti detenuti, Italiani, costretti a vivere in spazi molto limitati, contrasta con il divieto di tortura e trattamenti inumani e degradanti. Lo Stato Italiano è tenuto ad assicurare, entro un anno, idonee misure strutturali, Cfr. Corte Europea dei Diritti dell'uomo, Sez.II, 8/1/2013.

In tema di procedimento disciplinate a carico di detenuti, la mancanza, nella contestazione dell'addebito, dell'enunciazione del fatto in forma chiara e precisa dà luogo ad una violazione di legge che inficia il provvedimento di applicazione della sanzione disciplinare, Cfr. Cass. Pen. Sez. I, 2009, n°48828. Rv. 245904.

Il provvedimento di irrogazione di una sanzione disciplinare nei confronti del detenuto, deve essere adottato, a pena di illegittimità, entro il termine perentorio di 10 giorni dalla contestazione degli addebiti, previsto per la convocazione e la decisione da parte del Direttore o del consiglio di disciplina dell'Istituto di Pena, Cfr. Cass. Pen. Sez. I, 2010, n°24180, Riv. 247987

Il provvedimento di irrogazione di una sanzione disciplinare nei confronti del detenuto deve essere adottato entro il termine perentorio di 10 giorni dalla contestazione degli addebiti, previsto per la convocazione e la decisione da parte del direttore o del consiglio di disciplina, ai semsi dell'Art. 81, Comma 4° DPR 30 giugno 2000 n°230, Cfr. Cass. Pen. Sez. I 2009, n°44654, Rv 245674.

Deve essere annullato il provvedimento di irrogazione di una sanzione disciplinare al detenuto qualora la relativa contestazione degli addebiti sia intervenuta in violazione del termine, da ritenersi perentorio, di cui all'Art. 81 Comma 2° DPR 30 giugno 2000 n° 230, Cfr. Cass. Pen. Sez. I 2008, n°. 13685, Rv. 239569.

E' costituzionalmente illegittimo, per contrasto con l'art.24, comma2, Cost., l'art 41bis, comma 2 quater lett. B), ult. Periodo, ord. Penit., nella parte in cui consente al condannato in regime di sospensione delle regole trattamentali di effettuare con i difensori fino ad un massimo di tre volte alla settimana, una telefonata o un colloquio della stessa durata di quelli previsti con i familiari, pari rispettivamente a dieci minuti o ad un'ora, cfr. Corte Cost. 20/06/2013, n. 143.

La dottrina e la giurisprudenza sul processo penale.

Secondo autorevole dottrina: "se nella ricostruzione

accusatoria si annida qualche dubbio ragionevole, il giudice non ha alternativa diverse dal proscioglimento (omissis) è proprio un nuovo modo di pensare, che si emancipa dagli schemi abituali dell'amministrazione della giustizia penale Italiana: i beni più preziosi dell'imputato, i suoi diritti individuali, vanno presi sul serio, perchè le democrazie non possono permettersi di comprimerli; la protezione dell'innocente ed il rispetto dei fondamenti Costituzionali dello Stato sono garantiti solo se nel processo penale viene adottato, come regola probatoria e come regola di giudizio, il criterio dell'oltre il ragionevole dubbio; questa regola costituisce diritto vigente nel nostro paese essendo imposta dagli artt. 2, 3 comma I, 25comma II, e soprattutto l'art. 27 della Costituzione; quel che più conta, alla sua base stanno le potenti ragioni morali ed utilitaristiche che trovano espressione nella massima " è molto meglio lasciar libero un colpevole che condannare un innocente".

Così il Chiarissimo Professor Federico Stella in "Giustizia e Modernità", edizione III°, edizione 2005,   (pag. 67 e   segg.) scriveva, prima che il Legislatore traducesse in norma, con l'art. 533 c.p.p. (condanna dell'imputato), questi principi irrinunciabili.

L'art. 192 c.p.p. afferma che il giudice valuta la prova dando conto nella motivazione dei risultati acquisiti e dei criteri adottati. L'esistenza di un fatto non può essere desunta da indizi a meno che questi siano gravi, precisi e concordanti. A tal proposito, in tema di valutazione degli indizi, questi, giusta il disposto dell'art. 192 comma 2 del c.p.p. devono essere gravi, precisi e concordanti, Cfr. tra le tante, Cass. Pen. 2007, n. 46082.

Al riguardo, si deve ulteriore evidenziare che la precisazione dell'indizio ne presuppone la certezza: tale requisito, infatti, benchè non espressamente indicato nell'art. 192 comma 2 c.p.p. , è da ritenersi insito nella previsione di tale precetto, non potendosi fondare la prova critica su un fatto solo verosimilmente accaduto, soprattutto o intuito, e non accertato come realmente verificatosi.

Sul punto la Suprema Corte ha ribadito con varie pronunce

che la prova è incompleta non solo quando vi è un insuperabile contrasto tra le risultanze acquisite, ma anche quando lo stato di incertezza, desumibile dell'analisi critica del nucleo essenziale della prova d'accusa, si irradia, con varia intensità, sugli elementi ad essa accessori o di attenuata rilevanza, sicché il quadro che si delinea non consente di superare le perplessità evocate da ciascuna delle risultanze esaminate e riconosciute, utili per l'accertamento della verità, Cfr. Cass. Pen. Sez. V, 9.1.1990, rabito, Cass. Pen. 1991, I, 1086 (s.m); Conf. Cass. Pen. Sez. Fer. 23.8.1990, Crollo; Cass. Pen. 1991, II, 873, Giust. Pen. 1990, III, 736 (s.m.) Arch. Nuova proc. pen. 1991, 69.

Infatti, il sesto comma dell'art. 197Bis del c.p.p. specifica che alle dichiarazioni rese dalle persone che assumono l'ufficio di testimone ai sensi del presente articolo si applica la disposizione di cui all'art. 192, 3 co. c.p.p., da ciò consegue che la propalazioni in oggetto devono esser sottoposte ad un duplice vaglio di attendibilità, posto che all'attendibilità delle dichiarazioni rese.

Tale ulteriori valutazioni necessita di cd. Riscontri esterni, ovvero di ulteriori elementi probatori che siano idonei a suffragare i dicta del soggetto che le rilascia, sul punto la giurisprudenza è pacifica, Cfr. App. Taranto, 15.12.2011; App. Napoli, Sez. VII, 14.10.2011; App. Milano, Sez. II, 19.5.2011.

Questo è quanto è possibile ricavare dall'analisi letterale della norma di cui all'art. 192 co.3 del c.p.p., che testualmente recita: le dichiarazioni dei testimoni sono valutate unitamente agli altri elementi di prova che ne confermano l'attendibilità, e che si riconnette all'intenzione del legislatore di escludere la possibilità, in tema di prova indiziaria, che la responsabilità dell'imputato si fondi su un indizio isolato <argomento che si ricava ricollegando sistematicamente stabilisce che l'esistenza di un fatto non può essere desunta da indizi a meno che questi non siano gravi, precisi e concordanti>, sul punto è consolidata la giurisprudenza di legittimità, Cfr. Cass. Pen. 1992, n. 2398, Rv. 189566; Cass. Pen. Sez. I, 8.3.2000, n. 7027; Cass. Pen. 2006, n. 33519; Cass. Pen. 2007, n. 46082.

In altri termini, affinchè sia possibile procedere alla verifica del fatto – oggetto dell'imputazione è necessario che in mancanza di prova diretta "ovvero idonea a fornire concreta dimostrazione del fatto stesso" siano presenti, agli atti, una pluralità di indizi, gravi, precisi e concordanti, idonei, quindi, a corroborare l'ipotesi accusatoria, sul punto si veda, Cfr. Cass. Pen. Sez. I, 14 giugno 2000, n. 7027.

I riscontri assolvono ad un duplice compito valutativo, dovendo in prima istanza accertare l'attendibilità intrinseca della dichiarazione ed in seconda l'attendibilità estrinseca. Occorre, cioè accertare sia che il soggetto che rilascia le dichiarazioni de quibus risulti essere attendibile ex. se, sia che il contenuto della dichiarazione trovi conferma in altri elementi reperiti dall'autorità inquirente.

Sul punto la Suprema Corte ha ribadito con varie pronunce, che la prova è incompleta, non solo quando vi è un insuperabile contrasto tra le risultanze acquisite, ma anche quando lo stato di incertezza, desumibile dall'analisi critica del nucleo essenziale della prova d'accusa, si irradia, con varia intensità sugli elementi ad essa accessori o di attenuata rilevanza, sicchè il quadro che si delinea non consente di superare le perplessità evocate da ciascuna delle risultanze esaminate e riconosciute utili per l'accertamento della verità, sul punto si veda, Cfr. Cass. Pen. Sez. V, 9.1.1990, Rabito, Cass. Pen. 1991, I, 1086 (s.m); Cass. Pen. Sez. Fer. 23 agosto 1990, Crollo, Cass. Pen. 1991, II, 873, Giust. Pen. 1990, III, 736 (s.m.) Arch. Nuova proc. pen. 1991, 69; Cass. Pen. 1993, n. 8859; Cass. Pen. 2007, n. 32859; Cass. Pen. 2003, n. 25517.

Peraltro, la novella legislativa legge 20 febbraio 2006, n. 46 che modifica il primo comma dell'art. 533 c.p.p. indica che la colpevolezza del soggetto imputato debba essere provata "oltre ogni ragionevole dubbio" ; con la modifica il legislatore ha inteso recepire un principio già acquisito dalla giurisprudenza, secondo il quale la condanna è possibile soltanto quando vi sia la certezza processuale della responsabilità dell'imputato,

Cfr. Cass. Pen. Sez. I, 2006, n. 20371; Cass. Pen. 2006, n. 30402; Cass. Pen. Sez. II, 2.4.2008, n. 16357; Cass. Pen. Sez. I, 21/5/2008, n. 31456; Cass. Pen. Sez. III, 12.2.2009, n. 15911, Rv. 243258; Cass. Pen. Sez. II, 9.11.2012, n. 7035, Rv.254025,

sulla scorta di tale indizio interpretativo si è infatti ritenuto che gli indizi necessari a fornire la prova oltre che gravi precisi e concordanti debbano anche esser certi: infatti la Suprema Corte di Cassazione, che, ove così non fosse, si correrebbe il rischio di fondare una sentenza di condanna su fatti verosimilmente accaduti valorizzando così il mero sospetto o la personale congettura; pertanto, affinchè il reato possa essere attribuito all'imputato "al di la di ogni ragionevole dubbio" "così il letterale tenore normativo" è necessario che l'ipotesi accusatoria, quando sorretta da elementi indiziari o, come nelle specifico, si fondi sulle dichiarazioni di coimputato nei confronti delle cui dichiarazioni è legittimo, per le suesposte ragioni, nutrire dubbi di tenuità delle stesse venga corroborata da ulteriori e diversi elementi idonei a verificarne l'attendibilità, verifica questa che non si sostiene, bensì si aggiunge al controllo in ordine alla credibilità del soggetto che tali dichiarazioni rende.

Quando la prova è incompleta si impone l'assoluzione dell'imputato, sul punto è consolidata la giurisprudenza dell'Ecc. Ma Suprema Corte di Cassazione, Cfr. tra le tante, Cass. Pen. 2006, n. 30402; Cass. Pen. 2005, n. 43324, Borghella; Cass. Pen. 2005, n. 41052, Piscopo Alessandro ed altri, Cass. Pen. 2005, n. 41176, P.G. Maggi e altri; Cass. Pen. 2009, n. 6853; Cass. Pen. Sez. III, 6.4.2009, n. 15911, Conf. Giurisprudenza di merito, ex. Pluris, App. Milano Sez.III°, 12/7/2011

LA RESPONSABILITA' DEI GIUDICI
L'EUROPA "SGRIDA " L'ITALIA
Le norme sui danni degli errori giudiziari

BRUXELLES. Le anomalie del sistema "giudiziario Italiano" finiscono ancora nel mirino della Commissione Europea.

E questa volta l'Italia, se non correrà ai ripari entro i prossimi sei- sette mesi, rischia seriamente di dover pagare una multa salata. Perché Bruxelles ha deciso 23 settembre 2013 di aprire una nuova (la seconda nell'arco degli ultimi anni) procedura d'infrazione contro la normativa nazionale che, a suo giudizio, limita eccessivamente la responsabilità civile dello Stato davanti ai danni causati dagli enormi errori dei giudici nell'applicazione del diritto comunitario.

Nei prossimi mesi dal quartier generale dell'esecutivo europeo, e più esattamente dal gabinetto del presidente José Manuel Baroso, partirà quindi alla volta di Roma una lettera di messa in mora, prima tappa della procedura d'infrazione che stavolta seguirà però un iter accelerato rispetto a quanto avvenuto in passato poiché si è in presenza del mancato rispetto di una precedente sentenza.

La Corte di giustizia Ue ha infatti condannato già una volta l'Italia, nel novembre del 2011, ritenendo la legge nazionale, che fissa paletti troppo stretti alla responsabilità dei giudici e dello Stato, incompatibile con il diritto Europeo. E visto che da allora sono passati quasi due anni senza il varo di alcun intervento correttivo da parte del Parlamento Italiano – come invece sarebbe dovuto avvenire in ottemperanza dall'obbligo derivante dal pronunciamento dei giudici europei – a Bruxelles non è rimasto che tornare alla carica.

L'iniziativa presa dalla Commissione ha rilanciato in Italia il dibattito politico sulla responsabilità delle toghe.

"Era ora che l'Europa si accorgesse che qualcosa non va nel funzionamento della giustizia", ha commentato il coordinatore del Pdl On. Sandro Bondi, sulla Repubblica. E il presidente dei senatori Sen. Renato Schifani l'apertura della procedura in tema di responsabilità civile dei magistrati, dimostra che nel nostro Paese, ora più che mai, c'è l'urgenza di regolamentare la materia secondo le indicazioni dell'Europa.

Sulla questione è intervenuto anche il presidente dell'Unione delle Camere penali Prof. Avv. Valerio Spigarelli, il quale ha osservato che la procedura d'infrazione è un atto "importante", che segnala la necessità di una riforma generale della legge sulla responsabilità civile dei magistrati. E il referendum che abbiamo promosso si muove su questa linea.

L'Anm è invece scesa in campo per sottolineare che l'Europa ha parlato di responsabilità dello Stato e non è entrata nella questione della responsabilità personale dei giudici poiché questo è un problema di diritto interno regolato diversamente nei vari Stati membri.

"Denunceremo ogni tentativo di condizionamento dei magistrati" – ha detto il presidente dell'Anm dott. Rodolfo Sabelli – attraverso una disciplina della responsabilità civile che violi il principio di autonomia e indipendenza.

IL CONCETTO DELLA PENA.
(1)

LA PENA, CLASSIFICAZIONI DELLA PENA, LA FINALITA' RIEDUCATIVA ESPRESSA NELL' ART. 27 COMMA III° DELLA COSTITUZIONE.

1.1. La natura della pena

1.2. Il problema della funzione della pena.

1.3. Portata e limiti dell'art. 27 comma 3° della

Costituzione.

1.4. L'odierna fisionomia della pena: gli interventi

legislativi dal 1974 sino al 2013.

1.5. Le tipologie della pena editale e i criteri della sua

determinazione giudiziale Pene principali, Pene

accessorie e Pene sostitutive.

1.6. Le singole pene principali.

1.7. Le pene accessorie.

1.8. Le pene sostitutive.

1.9. Contenute e regime delle singole sanzioni sostitutive.

1.10. I Criteri per la determinazione e commisurazione

giudiziale della pena ex. art. 133 c.p.

L'ESECUZIONE DELLA PENA.
(2)

LA RIABILITAZIONE ex. art. 179 c.p. e art. 683 c.p.p, novellata con la L. 145/'04.

Nell'esaminare la possibilità di attuare l'attività di mediazione nell'ambito del nostro sistema penale e penitenziario si è anzitutto partiti da una condivisione del concetto di mediazione.

Per attività di mediazione, come definito anche nella Raccomandazione R(99) 19 adottata dal Comitato del Consiglio d'Europa, in un'accezione generale, cioè non riferita ad un contesto particolare, si è considerata un'attività finalizzata alla risoluzione di conflitti, realizzata da un terzo neutrale che favorisce un accordo tra le parti interessate, le quali volontariamente e consensualmente accedono a questa modalità.

Partendo da questa accezione, riferita al contesto penale e penitenziario, si è condivisa anche la definizione che la mediazione è un'attività da realizzare al di fuori del processo penale, pur se attuata nell'ambito dell'attività giurisdizionale, in quanto interviene comunque in presenza di un comportamento antigiuridico. E' una strategia alternativa di gestione del conflitto – reato, non sostitutiva del procedimento penale, ma come risorsa operativa per dare ai conflitti-reati una risposta diversa nell'ottica di una giustizia riparativa – riconciliativa.

Nell'ordinamento giuridico Italiano, nel quale l'azione penale è obbligatoria, i conflitti hanno una modalità di gestione definita con legge; la mediazione, come strategia alternativa al processo di regolazione del conflitto – reato, diventa attuabile in quanto:

Vi è una possibilità di rinunciare all'obbligatorietà dell'azione penale; Alla composizione del conflitto derivante dall'attività di mediazione è riconosciuta dalla legge una validità.

Nel nostro sistema penale la possibilità di rinunciare all'obbligatorietà dell'azione penale si realizza nei reati a querela della persona offesa, mentre il riconoscimento, anche ai fini processuali, degli esiti dell'attività di mediazione è stato introdotto dal D. Lgs. n. 274 del 2000 sulle competenze penali del giudice di pace.

L'art. 29 della legge citata prevede, infatti, che "nei reati a querela della persona offesa, il giudice promuova la conciliazione, per favorirla sospenda l'istruttoria per due mesi e, ove occorre, si avvalga anche dell'attività di mediazione di centri e strutture pubbliche e private presenti sul territorio. In caso di conciliazione è redatto processo verbale attestante da parte del querelante la remissione della querela o la rinuncia al ricorso al giudice di pace e relativa accettazione da parte del querelato"

In questo caso è la stessa legge che prevede l'applicazione del principio di discrezionalità dell'azione penale; la sviluppo dell'azione penale infatti è lasciata alla valutazione di una parte dei reati procedibili a querela della persona offesa, come pure è a discrezione del giudice, ove ritenga sussistano le condizioni per attivare il servizio di mediazione, emettere il decreto di archiviazione se le parti raggiungono l'accordo.

Qui la mediazione realizza l'obiettivo di comporre il conflitto attraverso la ricostruzione della relazione tra i due soggetti separati dal conflitto, facendo assumere ad entrambi i configgenti un ruolo attivo portandoli a ricercare una soluzione mutuamente vantaggiosa.

In questa previsione di legge la mediazione esprime tutte le sue potenzialità, assume una valenza processuale nel senso che, intervenendo nella primissima fase dell'iter processuale, ne consente l'archiviazione, ma anche sostanziale perché compone il conflitto.

Il procedimento di mediazione diventa una modalità, alternativa al processo, di risoluzione del conflitto, una diversion, un percorso extra giudiziale nel quale il reo e la vittima tornano a gestire il proprio conflitto, possono trovare una composizione e l'accordo raggiunto influisce sull'iter processuale.

Con l'approvazione della legge 274 del 28-8-2000 sulla competenza penale del giudice di pace, anche l'ordinamento giuridico Italiano ha recepito l'attività di mediazione come modalità alternativa al processo, e al di fuori del processo di composizione del conflitto, individuando appunto nei reati a querela della persona offesa i conflitti che possono essere oggetto di mediazione. La norma in questione riveste notevole importanza perché introduce l'attività di mediazione come metodologia per realizzare la conciliazione di un conflitto e, all'accordo raggiunto dalle parti, venendo meno le ragioni del contendere e quindi della prosecuzione dell'attività processuale, riconosce il valore di definire il procedimento penale; ma è pure importante perché il legislatore, ponendo l'attività di mediazione nel territorio, svolta da servizi pubblici o privati posti al di fuori del sistema penale, ha voluto dare all'evoluzione della politica penale Italiana, non solo perché inserita in quell'europea, una precisa indicazione, che è quella di riportare nel territorio, nella comunità civile, dove maturano i comportamenti anti giuridici, la composizione di molte microflittualità, recependo la cultura che considera l'intera comunità civile corresponsabile nella formazione di comportamenti anti giuridici individuali e collettivi.

Ora, se consideriamo la mediazione penale solo come modalità alternativa al procedimento giudiziario di soluzione dei conflitti, sembra dedursi che nel nostro ordinamento giuridico l'unica situazione nella quale può essere applicata l'attività di mediazione sia quell'indicata dall'art. 29 del D. Lgs. n. 274 del 2000.

Diversa è la prospettiva se consideriamo il comportamento antigiuridico non solo come violazione di una norma, ma anche come causa di sofferenza, di tensione, di disturbo nell'organizzazione sociale; l'attività di mediazione, può essere promossa come strumento attraverso il quale i due soggetti interessati, reo e vittima, in modo consensuale, hanno la possibilità di incontrarsi, di rielaborare con l'aiuto di un terzo neutrale, il mediatore, il conflitto reato e le sue conseguenze, acquisendo la rea responsabilità e consapevolezza del danno arrecato e la vittima un sentimento più equilibrato della sofferenza materiale e/o morale subita.

In quest'accezione l'attività di mediazione può essere attuata ponendosi come obiettivo non la soluzione del conflitto sotto il profilo giuridico, ma come rilettura del conflitto reato, visto non solo come astratta violazione di una norma, ma da un punto di vista umana, individuale e sociale, nella misura in cui ogni comportamento dell'individuo si ripercuote sulla situazione sociale in cui è attuato. Quando il conflitto reato ha avuto già una sua definizione attraverso il procedimento giudiziario e la sentenza di condanna, promuovere un'attività di mediazione in corso dell'esecuzione penale significa porsi come obiettivo la ricomposizione del conflitto inteso come lacerazione dei rapporti interpersonali e sociali. Significa aiutare le parti ad acquisire una visione di fatto – reato nuova, in quanto integrata dalla dimensione cognitiva ed emotiva dell'altro.

Significa porsi come obiettivo il miglioramento della qualità dei rapporti umani e sociali anche come prevenzione d'altri contrasti. Questi aspetti non sono presi in considerazione nel procedimento giudiziario, soprattutto con riferimento alla vittima, la quale, anche quando è riconosciuta la lesione dei suoi diritti, "valutata" l'offesa ricevuta, non è considerata come persona, né le è data la possibilità di esprimere la sofferenza provocata dal reato.

Lo stesso ordinamento penitenziario regola l'esecuzione della pena nella prospettiva esclusivamente della riabilitazione del reo, mentre la vittima non è considerata.

Anche quando nel corso degli interventi trattamentali gli operatori riescono a condurre con il condannato una riflessione sulle motivazioni che lo ha condotto al reato, sulle conseguenze non soltanto materiali ma anche umane e sociali prodotte, rimane pur sempre un'elaborazione circa astratta o almeno unilaterale.

Altra cosa è mettere il reo nella condizione di confrontarsi direttamente con la propria vittima, laddove sia possibile, per verificare anche i danni emotivi provocati nella persona offesa o la lacerazione determinata nella situazione sociale d'appartenenza.

Ipotizzare l'attivazione dell'attività di mediazione nel corso dell'esecuzione penale non significa certo mettere in discussione l'impronta trattamentale di tutto l'ordinamento penitenziario, ma eventualmente offrire uno strumento in più per portare il condannato verso una consapevolezza ed una responsabilizzazione più reale e concreta. Significa dare alla vittima un rilievo e un riconoscimento come persona, aiutarla a rielaborare i sentimenti di disagio, di rabbia, d'impotenza, se non d'abbandono, suscitati dal reato, farla partecipe di un'eventuale azione di riparazione a suo favore. Nell'ordinamento penitenziario invece, com'è noto, la vittima del reato è citata solo in due situazioni: nell'art. 27 del D.P.R. 230 del 2000 (nuovo regolamento d'esecuzione) dove, nell'ambito dell'attività d'osservazione, è previsto sia condotta una riflessione "sulle conseguenze negative delle condotte antigiuridiche per l'interessato e anche possibili azioni di riparazione delle conseguenze del reato, incluso il risarcimento dovuto alla persona offesa"; infatti, nel comma 7 dell'art. 47 L. 354 del '75, nella misura alternativa dell'ex. Affidamento in Prova al Servizio Sociale, ora "Ufficio Esecuzione Penale Esterna", quando nel verbale in cui sono indicate le prescrizioni cui l'affidato deve attenersi, viene anche stabilito che si adoperi, in quanto possibile, in favore della vittima del suo reato, dando alla pena un carattere riparativo oltre che riabilitativo.

Sia nell'art. 27 del nuovo regolamento di esecuzione, che nel comma 7 dell'art. 47 della Legge n. 354 del '75, la riflessione sulle conseguenze negative provocate e l'adoperarsi per ripararle, per quanto possibile, è vista in relazione al reo, alla sua riabilitazione attraverso anche la riparazione delle conseguenze del reato, nel primo caso prevedendo anche un risarcimento, nella seconda situazione con l'indicazione generica di "adoperarsi in quanto possibile in favore della vittima del suo reato".

Ma in un ambito nel quale, rispetto alla motivazione al consenso, il reo è molto condizionato e della vittima nulla si dice, è realizzabile un'attività di mediazione nel rispetto di quei requisiti che sono stati individuati come essenziali? In altre parole la consensualità delle parti ad accedere alla mediazione e quindi la disponibilità del reo e della vittima ad incontrarsi; la presenza di un mediatore, terzo tra le parti posto al di fuori del sistema giudiziario, che attui con rigore metodologico il processo di mediazione, l'obiettivo della mediazione che qui non è più quello di comporre il conflitto da un punto di vista giuridico, ma di riparare il danno arrecato?.

Ora, riflettendo sulla previsione dell'art. 27 D.P.R. 230 del 2000, se è realizzabile attuare con il condannato la riflessione sulle conseguenze negative del reato ed eventualmente accompagnarlo nel mutare un consenso a riparare, per quanto possibile, il danno arrecato, chi promuove il contatto con la vittima?.

Gli operatori penitenziari, comprendendo tra questi anche il volontariato attivo nell'ambito penitenziario, gli operatori della mediazione, o altri al di fuori di quelli indicati?.

Un ruolo importante e significativo potrebbe essere svolto dal volontariato non attivo nel sistema giustizia come espressione della comunità civile che, quando la vittima è nota, può eventualmente avvicinarla, prepararla ad acconsentire all'incontro con il suo offensore, informandolo sui contenuti, le modalità e gli obiettivi della mediazione; oppure se la vittima non è una persona fisica ma l'intera collettività, come può accadere per certi reati (ambientali, di danneggiamento di opere pubbliche ecc.) il volontariato può contribuire nel ricercare il consenso da parte degli organi rappresentativi della collettività. Si ritiene, comunque che chiunque svolga questo compito, pur non potendo essere considerato tra gli operatori del processo di mediazione, perché dalla parte della vittima, debba essere preparato a svolgerlo. Lo stesso dicasi per quanto riguarda il reo: si ritiene, infatti, che gli operatori penitenziari possano individuare la possibilità di attuare, da parte dei servizi esterni, un'attività di mediazione, in relazione alla personalità del condannato e al tipo di reato, fornendo tutte quelle informazioni necessarie a far maturare un consenso consapevole, ma non oltre.

Riflettendo sull'altra situazione individuata per l'attuazione dell'attività di mediazione: il comma 7 dell'art. 47, vediamo che, rispetto all'elemento della consensualità delle parti, reo e vittima, ad acconsentire alla mediazione, per il condannato, si può pensare che il consenso sia espresso, anche se in modo implicito, nel momento in cui richiede la concessione della misura alternativa all'affidamento in prova, di cui conosce le prescrizioni perché già indicate dalla legge; ma anche nella fase istruttoria alla concessione della misura alternativa, come qualche Tribunale di Sorveglianza sta sperimentando, quando gli è richiesto di predisporre un progetto di riparazione che, se valutato idoneo e accettato, è inserito tra le prescrizioni.

Il comportamento attivo del reo, nel ricercare modalità per riparare e/o attenuare le conseguenze del proprio comportamento antigiuridico, può considerarsi un modo concreto alternativo al consenso espresso in modo formale, per esprimere la volontà di incontrare la vittima. Per quanto riguarda la vittima, pur non essendo prevista dalla norma in questione l'acquisizione del suo consenso ad accettare una riparazione a suo favore, da un punto di vista anche giuridico, non vi è alcun impedimento nel ricordarlo. Ma anche qui la ricerca di un rapporto con la vittima è tutto da costruire. Tutto il Personale della Polizia Penitenziaria, unitamente all'equipe dell'istituto penitenziario, svolge un ruolo istituzionale rivolto al condannato; un loro intervento congiunto potrebbe essere percepito strumentalmente a vantaggio del reo, in piena attuazione dell'art. 27 comma III° della Costituzione, nonché come dispone l'art. 5 della L.395 del '90.

Deve inoltre tenersi presente che la riparazione, che è prescritta nella misura dell'affidamento: "Adoperarsi nei confronti della vittima del proprio reato" può essere accettata dalla persona offesa, a prescindere dall'accettazione della mediazione.

Ma che cosa può spingere le parti ad incontrarsi, una volta definito il conflitto da un punto di vista giuridico?. Chi può motivarle?.

E' utopia pensare che le due persone coinvolte nel conflitto: offensore ed offeso possano essere interessate ad incontrarsi per comunicare, spiegarsi, ascoltarsi e rielaborare il fatto – reato con tutti gli aspetti emotivi personali espressi liberamente in un ambiente non giudicante, inevitabilmente a distanza di tempo rispetto all'evento – reato?.

Le premesse perché si abbia un'attività di mediazione da un punto di vista tecnico scientifico, sono molto deboli.

Una motivazione più concreta può riguardare il reo, perché l'accettazione della riparazione può comportare una modalità d'esecuzione della pena diversa, ossia la misura alternativa, e di conseguenza di espiare la pena in carcere. Per la persona in esecuzione di pena in carcere il non acconsentire a riparare il danno può influenzare la concessione dei benefici previsti dall'ordinamento penitenziario.

Ma per la vittima il discorso è diverso: promuovere il suo consenso, portarla ad incontrarsi con il suo offensore, quando il conflitto è stato già definito e si è consumato in un tempo più o meno lontano, si ritiene sia l'aspetto più delicato e difficile da attuare.

L'obiettivo della riparazione morale e/o materiale fino a che punto può convincere la vittima ad incontrarsi con chi l'ha danneggiata?.

Finora si è parlato della possibilità di attuare l'attività di mediazione nell'ambito del sistema penale Italiano, che solo di recente con il decreto legislativo 274 del 2000 la prevede, indicandola come attività posta all'esterno del sistema giustizia, cui il giudice di pace può ricorrere per aiutare la conciliazione tra le parti.

L'esperienza sin qui maturata negli ordinamenti giuridici stranieri e in Italia nell'ambito del sistema penale minorile, vede quest'attività realizzata all'esterno del sistema giustizia ma necessariamente contigua, in quanto promossa e realizzata alla presenza di un comportamento antigiuridico che attiva l'attività giurisdizionale, d'ufficio o su richiesta delle parti. Abbiamo visto gli spazi giuridici in cui l'attività di mediazione è prevista e può promuoversi.

Con riferimento alla sua promozione nei reati a querela della persona offesa, la mediazione è attivata dal giudice di pace, mentre nel corso dell'esecuzione penale, pur con tutte le perplessità rappresentate, il percorso attraverso il quale promuovere l'attività di mediazione va costruito.

Ma in ogni modo sia nella previsione dell'art. 27 del D.P.R. n. 230 del 2000, che in quella del comma 7 art. 47 L. 354 del '75, il servizio di mediazione dovrà essere attivato dal Magistrato di Sorveglianza ex. artt.51ter, 69 e 69bis e seguenti della L.354/'75 e dal Tribunale di Sorveglianza ex. art. 70 L.354 del '75.

Tutta la fase propedeutica all'attività di mediazione, le modalità di raccordo tra chi opera a contatto con il reo con chi promuove e ricerca il contatto con la vittima e il servizio che attua la mediazione in senso tecnico metodologico, va definito almeno a grandi linee, anche come guida per la sperimentazione, in piena applicazione dell'art. 27 comma III° della Costituzione, e come dispongono gli artt.1 e 13 della L. 354 del '75 dell'art. 27 del D.P.R. 230 del 2000.

Infatti, sull'Individualizzazione del Trattamento la Suprema Corte di Cassazione ha stabilito che l'osservazione della personalità, presupposto per l'affidamento in prova, malgrado sia qualificata "scientifica" dalla legge, non deve necessariamente consistere in un approccio sostenuto dall'uso di specifici strumenti tecnici, potendo invece attuarsi (in conformità delle più moderne teorie psicologiche e criminologiche) in conformità a schemi liberi che diano opportuno rilievo alle possibilità cognitive od interpretative della personalità del condannato: "Il trattamento penitenziario costituisce, dal punto di vista giuridico, un obbligo di adoperarsi per l'amministrazione penitenziaria che si sostanzia in un'offerta d'interventi, i quali, però non sono dalla legge considerati atomisticamente, ma sono finalizzati, tramite l'osservazione scientifica della personalità del soggetto, alla predisposizione di un programma individualizzato di trattamento, i cui risultati devono essere periodicamente valutati per le varie esigenze previste dalla legge sull'ordinamento penitenziario". L'ordinamento Penitenziario prevede nei confronti del condannato la riduzione di pena della (liberazione anticipata ex. artt. 54 e 69 bis legge n. 354 / '75 e art. 103 del D.P.R 30 giugno 2000 n. 230) per coloro che abbiano fattivamente aderito all'offerta di disponibilità obbligatoriamente avanzata dall'amministrazione penitenziaria, riconosciuta sia in dottrina sia in giurisprudenza, (Cfr. Cass. Penale Sez. I° 1979, n. 477; Cass. Penale Sez. I° 1981, n. 335; Cass. Penale Sez. I° 1981, n. 1161; Cass. Sez. I°, 29-3-1985, in Cass. Pen. 1986, n. 1178; da ultime Giurisprudenza di merito Trib. Sorveglianza Sassari (Ord.) 5/12/2002; Magistrato Sorveglianza Alessandria 5/2/2003; ex. plurimus, Cass. Pen. Sez. I°, 21/6/2001, n. 29352; Cass. Pen. Sez. I°, 22/5/2003; Cass. Pen. Sez. I°, 26/10/2004, n. 42566; Cass. Pen. Sez. I° (Ord.) 2/2/2005, n. 10433).

LA NATURA DELLA PENA

Nel diritto positivo la parola "pena" è sinonimo di castigo e in generale indica il dolore, la sofferenza che è inflitta a colui che ha violato un comando.

Suo carattere è proprio di tutti i castighi, anche di quelli che sono inflitti nell'ambito privato: nella famiglia, nei collegi, nelle associazioni, ecc. In ogni caso il castigo implica una sofferenza. La pena che a noi interessa differisce dagli altri castighi in quanto è inflitta dallo Stato: è una sanzione pubblica.

Sennonché lo Stato ricorre non poche volte alla pena anche al di fuori del diritto penale. Particolare importanza hanno le pene amministrative. Di qui la necessità di distinguere nell'ambito delle pene che sono inflitte dallo Stato quelle che costituiscono la conseguenza specifica del reato e che perciò si dicono " criminali ".

Tale differenziazione non presenta difficoltà. Due qualità peculiari, infatti, distinguono le pene criminali dalle altre pene pubbliche: una concerne l'organo che le applica, l'altra in modo con cui è applicata. L'organo è l'Autorità Giudiziaria (ex. art. 109 della Costituzione); il modo è quel caratteristico insieme di atti che costituisce il processo. Non basta il primo elemento, perché l'Autorità Giudiziaria può infliggere anche pene non criminali, come, ad es., nei casi previsti dagli art. 118, 255 del codice di procedura civile e 133 del codice di procedura penale; occorre anche il secondo, e in altre parole che l'irrogazione abbia luogo con le forme e le garanzie del procedimento penale.

Sono criminali pertanto le pene che sono inflitte dall'Autorità Giudiziaria mediante processo.

A quanto ora si è detto non contrasta che in passato, in qualche raro caso, la pena criminale può essere inflitta da un'autorità amministrativa, come ad es. dall'Intendente di Finanza in base alla legge 7 gennaio 1929, n. 4. Invero, anche in quest'ipotesi eccezionale (che la Corte Costituzionale ne ha poi dichiarato l'illegittimità con la sentenza del 3 aprile 1969, n. 60) sussisteva l'intervento, sia pure indiretto, dall'Autorità Giudiziaria, perché la persona a cui era inflitta la pena aveva la facoltà di ricorrere ai sensi e per gli effetti di cui all'art. 24, comma II° della

Costituzione all'autorità medesima e di ottenere che sul fatto attribuitole fosse istituito un regolare procedimento, destinato a sfociare in una sentenza.

Dal punto di vista sostanziale la pena consiste nella privazione o diminuzione di un bene individuale.

Mentre nelle epoche passate esisteva una gran varietà di pene, alcune delle quali colpivano direttamente l'onore (pene infamanti: gogna, marchio, ecc.), ed altre l'integrità personale (pene corporali: mutilazione, fustigazione, ecc), oggi la pena di regola incide su tre beni: sulla vita (pena capitale), sulla libertà (pene restrittive della libertà personale) e sul patrimonio (pena pecuniaria).

In proposito:
HENTIG, La pena: origine, scopo, psicologia, trad. it., Milano 1942, p.17 ss.

La pena (criminale) quindi può definirsi: La sofferenza comminata dalla legge e irrogata dall'Autorità Giudiziaria mediante processo a chi viola un comando della legge medesima.

Sulla differenza fra la pena e le altre sanzioni giuridiche, e particolarmente le misure di sicurezza e il risarcimento del danno.

ROCCO, La pena e le altre sanzioni giuridiche, in Opere giuridiche, Roma 1933, V. III, p. 433 ss.;

GRISPIGNI, Diritto Penale Italiano, v. I, p. 134 ss.

- Per quanto la pena sia uno dei fenomeni più generali e costanti della vita sociale – noi la troviamo in tutti i tempi, anche i più remoti, e in tutti i popoli, anche i più primitivi, non sono mancati pensatori e scienziati che ne hanno contestato la fondatezza, ritenendola ingiusta, inutile e persino dannosa.

In proposito, oltre gli utopisti Tommaso Moro e Tommaso Campanella, vanno ricordati alcuni moderati teorici dell'anarchismo, tra cui primeggia la figura di Leone Tolstoi, e soprattutto alcuni sociologi e criminalisti: Girardin, Ferri, Wargha, Montero, ecc.

MAGGIORE, Diritto Penale, p. 677,

CONTURSI –LISI, I negatori del diritto di punire, in Sc. Pos. 1931, I 277.

E per gli atteggiamenti più recenti gli scritti raccolti da BARATTA in Il diritto penale minimo, cit. Ivi ampia bibliografia.

Questi ultimi, partendo da una concezione ottimistica della vita umana, hanno sostenuto che un'opera di prevenzione, largamente e sapientemente esercitata, può rendere inutile la repressione dei delitti.

Tutti gli scrittori citati devono ritenersi fuori della realtà. Essi prescindono da un fatto di capitale importanza, e in altre parole dal fatto che la tendenza al delitto non è circoscritta ad una particolare categoria d'individui, secondo le teorie di matrice cd. Lombrosiana, ma ha un carattere generalissimo.

E' certo che, se anche esistono criminali per istinto, il delinquente in genere non costituisce un tipo antropologico a sé stante, giacché non tutti i delinquenti presentano le caratteristiche teorizzate dal Lombroso, mentre tali caretteristiche sono talvolta presenti nei non-criminali. La tendenza al delitto, la capacità di delinquere, in misura maggiore o minore, esiste in forma latente negli uomini.

PATRIZI, Dopo Lombroso, Milano 1916;

NICEFORO, Criminologia, Milano 1941. Dato ciò, siccome il delitto rappresenta per chi lo commette la soddisfazione di un bisogno, e in altre parole un piacere, sorge la necessità di un contrappeso, il quale non può essere rappresentato da altro che dall'opposto del piacere, e in altre parole da una sofferenza. Il castigo è perciò un freno di cui non è assolutamente possibile fare a meno nella vita in comune.

Con questo non si vuol affermare che la pena sia l'unico mezzo che può trattenere gli uomini dal commettere i delitti, perché a tale risultato indubbiamente contribuiscono parecchi altri fattori: il patrimonio dei valori introiettati, i sentimenti morali e sociali, il senso del dovere, dell'onore e della dignità personale, la virtù dell'esempio, l'influenza dell'opinione pubblica, le credenze religiose, l'educazione ed il senso civico ecc.

Si può anche ammettere che per i fatti criminosi più gravi, e in particolare per quelli che contrastano con i sentimenti fondamentali di pietà e probità, la pena non sia necessaria rispetto ad una categoria di persone, le quali per l'elevato grado di moralità di cui sono fornite si asterrebbero dal commetterli anche senza la prospettiva di un castigo. Ma, se si considera la massa degli uomini e la massa delle azioni che sono vietate dalla legge penale, fra le quali, com'è stato già notato, molte non sono neppure ritenute e sentite come immorali dalla coscienza collettiva, non si può ragionevolmente dubitare che la pena sia indispensabile.

Di ciò si ha una conferma nel fatto che, dovunque esista una comunità d'uomini sia è quindi sentita la necessità di una disciplina per la coesistenza degli interessi in contrasto, ivi esiste un sistema di punizioni. Così nella famiglia, nella scuola, nei collegi, nell'esercito, nelle associazioni pubbliche e private. Una riprova decisiva si ha nel forte aumento dei delitti che occorre, quando la repressione statale non funziona o funziona in modo irregolare, come nelle grandi calamità e nei periodi di disordine politico o di caos derivante da disfatta militare.

D'altra parte è anche certissimo che il potere di infliggere castighi, lo ius puniendi, costituisce per lo Stato un mezzo assolutamente necessario per imporre la sua volontà ai cittadini, per farsi ubbidire e così raggiungere gli scopi prefissati. E' pertanto un'illusione ed anche un'ingenuità pensare che lo Stato vi possa rinunciare. Lo Stato non rinuncerà mai alla pena, sia pure ampiamente diversificata, perché ciò equivarrebbe ad una sorta di disfatta rispetto ai compiti che gli sono stati assegnati.

Il problema della funzione della pena

Amplissima è la letteratura al riguardo, tra gli scritti più recenti ricordiamo: ROCCO, La pena e le altre sanzioni giuridiche, Cit. GRISPIGNI, Regresso di un secolo nella legislazione penale, in Sc. Pos. 1949, 329 ss; DELITALA, Prevenzione e repressione nella riforma penale del 1949, in Riv. It. 1950, 699 ss, PETROCELLI, Retribuzione e difesa nel progetto codice penale del 1949, in Riv. It. 1950, 573 ss. ID, La pena come emenda del reo, in Saggi di diritto penale, Padova 1952, p.479 ss.ID. La funzione della pena, ivi, p. 81ss.; ALLEGRA, Fondamento, scopo e mezzo nella teoria della pena, Novara 1952; ANTOLISEI, Teoria e realtà della pena, in Scritti, p. 191 ss., ID., Pene e misure di sicurezza, ivi, p. 221 ss; CARNELUTTI, Mediazione sull'essenza della pena, in Riv. It.1955,3 ss. ID., NUVOLONE, Il rispetto della persona umana nella esecuzione della pena, in Iustitia 1956, 143 ss.; ID., Le sanzioni criminali nel pensiero di E. Ferri e nel momento storico attuale, in Revue Pènal suisse 1956, 345 ss.; RANIERI, Il 2° cpv dell'art. 27 della Costituzione e il problema della rieducazione del condannato, in Studi in onore di De Francesco, V.I, Milano 1957, p .561 ss.; SANTORO, Il tabù retribuzione della pena, in Sc. Pos. 1959, 50 ss. DELITALA, Responsabilità e pena, in Istitia 1962, 341 ss. DELL'ANDRO, I diritti del condannato, ivi 1963, 258 ss. BRICOLA, Pene pecuniarie, pene fisse e finalità rieducativi, in atti del secondo convegno di diritto penale di Bressanone, Padova 1964, p. 191 ss. NUVOLONE, Il problema della rieducazione del condannato, ivi, p. 347 ss. BETTIOL, Aspetti etico-politico della pena retributiva, in scritti giuridici, cit. v. I 1966, p. 504 ss. ID, Pena retribuita e poteri discrezionale del giudice, ivi, p. 524 ss. ID, Sull'umanizzazione del diritto penale, ivi, v.II, p. 739 ss. ID. Sulla rieducazione del condannato, ivi, p. 902 ss.; ID., Punti fermi in tema retributiva, ivi, p. 937 ss.; ID., dal diritto penale al diritto premiale ivi., p. 949 ss, ID, Il mito della rieducazione, ivi, p.995, ss. Carlo Federico GROSSO, Responsabilità penale, in Novissimo Digesto Ital., V. XV, 1968, 710 ss. BRICOLA, Le misure alternative alla pena nell'ambito dell'una "nuova" politica criminale, in Riv. It. 1977, 13; MANTOVANI, Pene e misure alternative, ivi 1977, 77; ID.

Pene e misure alternative nell'attuale momento storico. Atti del Convegno di studio " Enrico DE NICOLA", Milano 1977; CATTANEO, Il problema filosofico della pena, Ferrara 1978; MATHIEU, Perché punire? Il collasso della giustizia penale, Milano 1978; MONACO, Prospettive dell'idea dello "scopo"nella teoria della pena, Napoli 1984; MUSCO, La riforma del sistema sanzionatorio, ivi, p. 403 ss. EUSEBI, Cristianesimo e retribuzione penale, in riv. It. 1987; D'AMBROSIO, L'ordinamento penitenziario alla luce delle moderne teorie sulla funzione della pena, in Legalità e giustizia 1988, 26 ss. EUSEBI, può nascere dalla crisi della pena una politica criminale? In Dei delitti e delle pene 1994, 83 ss. NEPPI MODONA, Il sistema sanzionatorio, considerazioni in margine ad un recente schema di riforma, in Riv. It. 1995, 315.

Per " funzione della pena" si intende l'azione o meglio l'efficacia della pena: in altri termini gli effetti che produce e in vista dei quali essa è adottata dallo Stato.

Tali effetti possono essere diretti verso il passato oppure verso il futuro. Dai primi sorge l'idea della repressione, dai secondi quella della prevenzione. La prevenzione a sua volta si distingue in generale e speciale. Per prevenzione generale s'intende l'efficacia che la pena esercita sulla generalità o massa dei cittadini per trattenerla dal commettere reati; per prevenzione speciale invece l'efficacia che la pena esplica sul singolo individuo che ha commesso il reato per far sì che non torni a violare la legge penale.

Ciò premesso, notiamo che il problema della funzione della pena è senza dubbio il più dibattuto della nostra disciplina: ad esso, per la grande importanza che la pena presenta nella vita sociale, hanno partecipato largamente anche i filosofi. Le prime indagini di cui si abbia notizia sono quelle del filosofo greco Protagora e da allora non c'è stato quasi un pensatore che non si sia pronunciato sul grave problema.

Le teorie sulla funzione della pena tradizionalmente sono distinte in assolute e relative. Sono dette assolute quelle concezioni secondo le quali si punisce quia peccatum est, e vale a dire perché è stato commesso un delitto; relative quelle per le quali si punisce "ne peccetur", vale a dire, per impedire che nel futuro si commettono altri delitti. Secondo le prime la pena trova la ragione in se stessa; per le altre è un mezzo per conseguire uno scopo estrinseco, e precisamente il bene della società. Accanto alle due classi accennate n'è posta una terza che cerca di conciliare i due punti di vista: si tratta delle teorie secondo le quali si punisce quia peccatum et ne peccetur (teorie miste, denominate anche "sincretistiche").

La legittimità di questa contrapposizione è stata giustamente messa in dubbio, giacché non è esatto che le c.d. teorie assolute, a differenza delle relative, non riconoscano e non attribuiscano alla pena un fine. La pena non può essere che un mezzo diretto ad uno scopo e non esiste forse alcuna teoria che consideri la pena come fine a se stessa. La riprova della scarsa solidità della distinzione è fornita dal fatto che esistono dottrine (per es. quella dell'emenda) che da alcuni sono classificate fra le assolute, mentre altri le comprendono fa le relative.

Mettendo da parte questo criterio tradizionale, notiamo che le teorie sulla funzione della pena, per quanto siano assai numerose e in apparenza presentino una gran varietà, si aggirano intorno a tre fondamentali: la retribuzione, l'intimidazione e l'emenda.

Questo tipo d'equilibrio tra le diverse finalità della pena, contrassegnato dalla preminenza della funzione generalpreventiva e dal ruolo del tutto marginale della prevenzione speciale, appare completamente ribaltato nel co.3 dell'art. 27 della Costituzione, là dove esso stabilisce che le pene " devono tendere alla rieducazione del condannato".

Di là dalla reale portata e dei limiti di praticabilità del principio " rieducazione ", sta di fatto che l'opzione ideologica non potrebbe essere più esplicita; tenuto anche conto che lo stesso art. 27 Cost. nell'enunciare il divieto di trattamenti "contrari al senso d'umanità" e il contestuale ripudio della pena di morte, manca del distacco del sistema costituzionale del diritto penale, sia da ogni forma d'esasperazione della funzione generalpreventiva che dall'assolutezza del principio retributivo. Soprattutto dagli anni '70, le indicazioni del costituente hanno trovato parziale attuazione nella legge ordinaria, attraverso una serie di modifiche ed integrazioni del sistema sanzionatorio. E' opportuno, però dare preliminarmente conto dei risultati a cui è frattanto pervenuto il dibattito culturale sulle funzioni della pena e sul significato del principio stabilito nell'art. 27 comma 3° della Costituzione.

PORTATA E LIMITI DELL'ART. 27, co. 3° della COSTITUZIONE.

All'iniziale atteggiamento culturale che, in base ad un'interpretazione marcatamente restrittiva dell'art. 27 della Costituzione, assegnava ai principi ivi enunciati il valore di un'indicazione meramente tendenziale, esclusivamente riferita alle modalità esecutive della sanzione penale, è ormai subentrato il prevalente riconoscimento che al dettato costituzionale sui fini della pena debba assegnarsi la portata di un principio innovativo suscettibile di spiegare i suoi effetti in tutte le fasi che caratterizzano la dinamica del sistema sanzionatorio: dalla comminatoria all'applicazione e ovviamente all'esecuzione della pena, di recente, anche la Corte Costituzionale ha avuto occasione di precisare che la destinazione della pena alla rieducazione, "lungi dal rappresentare una mera generica tendenza riferita al solo trattamento, indica invece proprio una delle qualità essenziali e generali che caratterizzano la pena, e l'accompagnano da quando nasce, nell'astratta previsione normativa, fino a quando in concreto si estingue. Ciò che il verbo tendere vuole significare è soltanto la presa d'atto della divaricazione che nella prassi può verificarsi tra quelle finalità e l'adesione di fatto del destinatario al processo di rieducazione" (Corte Costituzionale Sentenza 26 giugno – 3 luglio 1990, n. 313, in Foro it. 1990, I, 2386, con nota di G. Fiandaca).

Il punto nodale, nella ricostruzione di una fisionomia aggiornata della pena, è costituito naturalmente dall'elaborazione dei contenuti della rieducazione, prospettata dal legislatore costituente come finalità primaria delle pene. Che cosa il legislatore costituzionale intende per " rieducazione" e quali siano gli strumenti per la sua realizzazione è peraltro strettamente dipendente dal contesto ordinamentale e quindi dai risultati che l'interpretazione sistematica della stessa Costituzione può suggerire. La fisionomia della pena, infatti, non può non essere omogenea rispetto ai principi generali dell'ordinamento giuridico, così come delineato dalla Costituzione.

Come la dottrina ha anche di recente ribadito, l'insieme dei principi costituzionali che consentono di conferire al nostro ordinamento la qualificazione di stato sociale di diritto (artt. 2, 3, 4, 19, 21, 34 della Costituzione), che nel loro insieme garantiscono l'autonomia e la dignità dell'individuo e lo sviluppo della sua personalità all'interno di una prospettiva solidaristica, legittimano l'accezione del concetto di rieducazione nel significato di recupero sociale, o come anche si dice, di ri-socializzazione, NOTA: S. MOCCIA, Il diritto penale tra essere e valore, cit. 103. L'assunzione di quei principi come punti di riferimento normativo per l'interpretazione della funzione "rieducativa" della pena, induce, infatti, ad escludere che la rieducazione includa un significato d'emenda morale e assuma in ogni modo dimensioni eticizzanti: il sistema costituzionale vigente – caratterizzato in senso laico e pluralistico – non sembra, infatti, compatibile con il perseguimento di finalità etiche, e tanto meno con l'affidamento di scopi del genere alla coazione penale.

Al tempo stesso, proprio il rispetto – anch'esso costituzionalmente garantito nel modo più solenne – dell'autonomia morale dell'individuo implica l'adesione del soggetto all'opera di "rieducazione " ed esclude pertanto ogni forma d'imposizione coercitiva nei suoi confronti, ed in particolare ogni forma di trattamento pseudo-terapeutico che utilizzi interventi manipolativi della personalità.

Attraverso la sanzione penale – il che vuol dire: con la sua inflizione come con l'astenersi dall'infliggerla, o con il sospenderne l'esecuzione, o ancora con l'eseguirla secondo modalità particolari – lo Stato deve offrire al "delinquente" gli strumenti per la sua reintegrazione nel tessuto sociale: in primo luogo mediante la "riappropriazione" dei valori elementari della convivenza. Ciò implica forme di "trattamento" basate sull'emancipazione individuale, perseguita mediante la realizzazione d'adeguati sostegni socio - culturali, d'opportunità di reinserimento nel tessuto produttivo e sociale, di possibilità di riqualificazione culturale e professionale, ecc. Di là dalle difficoltà di concretizzazione e dei risultati spesso deludenti di sperimentazioni fatte con le migliori intenzioni, la dottrina riconosce che nello Stato sociale moderno non esistono reali alternative all'ipotesi di un "trattamento" del reo, che s'ispiri all'idea del suo recupero mediante interventi di sostegno alla sua autodeterminazione nel senso dei valori di cui l'ordinamento giuridico – Costituzionale è portatore, e perciò nel senso del rispetto dei beni da esso tutelati.

Se la "rieducazione" così intesa è l'obiettivo del trattamento, ciò non significa che non possano essere diversi gli strumenti applicativi, mediante i quali tale obiettivo può essere perseguito. E' evidente che il trattamento non può essere lo stesso, quando si tratti di intervenire su casi d'estrema marginalizzazione sociale e quando invece si tratti di soggetti circa integrati socialmente. Del pari la libera partecipazione del soggetto all'azione rieducativa o all'opposto il suo rifiuto condizionano in modo ben diverso l'intervento di recupero.

Un punto d'orientamento è sicuramente costituito da quello che si può considerare una sorta di requisito "minimo" della sanzione penale rieducativa: vale a dire la sua applicazione in condizioni che impediscono effetti di "desocializzazione" (o d'ulteriore desocializzazione) o peggio di destrutturazione della personalità del condannato.

La non-desocializzazione – com'è stato giustamente osservato – si profila così di basilare importanza all'interno di una concezione normativa della pena, funzionale alle esigenze del moderno Stato sociale di diritto, in quanto viene a rappresentare una sorta di platfond su cui costruire un auspicabile (ma tuttavia pur sempre solo eventuale) processo di risocializzazione. S. MOCCIA, op. cit. 106. Sull'importanza del riferimento alla "non-desocializzazione" in materia di commisurazione giudiziale della pena, A. M. Stile, La commisurazione della pena, nel contesto attuale del sistema sanzionatorio, in Studi Vassalli, I, Milano, 1992, 299, 305. In nessun caso tuttavia quando non sussistono – o non siano praticabili – interventi risocializzanti, si giustifica per ciò solo il recupero di risposte sanzionatorie di tipo meramente affittivo, restando invece essenziale che l'applicazione delle sanzioni non favorisca ulteriori processi di disadattamento e stimoli in qualche modo l'emancipazione del soggetto dagli schemi di comportamento antisociali che ne hanno caratterizzato lo stile di vita precedente. E' logicamente ammissibile che, in assenza d'esigenze e/o possibilità di perseguire finalità di risocializzazione, siano le esigenze della prevenzione generale a fondare l'attivazione dello strumento penale. Cfr. G. VASSALLI, il dibattito sulla rieducazione, cit.463 s.

Tra le acquisizioni generalizzate della dottrina contemporanea della pena va sicuramente annoverata la consapevolezza che – alla luce del dettato costituzionale – i diversi profili funzionali della pena si presentino con incidenza differenziata nelle tre fasi d'attuazione del diritto penale: minaccia legale, inflizione ed esecuzione della pena.

Si afferma di solito che nella fase della minaccia, o comminatoria, della pena (detta anche fase edittale) largo spazio vada riconosciuto agli scopi c.d. di prevenzione generale, irriducibilmente connessi con la posizione stessa della norma penale. La funzione generalpreventiva, però non deve essere configurata solo nel suo aspetto negativo, in altre parole in quanto deterrente, idoneo a scoraggiare i consociati dal commettere i reati, NOTAcome si è già ricordato (Vol. I Parte 1, 2.4.), l'idea della pena come controspinta al delitto caratterizza significatamene già il pensiero dell'illuminismo penale Italiano. Essa fu elaborata in chiave più accentuatamente psicologica da Feuerbach. La validità del modello della pena come controspinta psicologica alla spinta criminosa è oggi molto discussa, almeno su taluni tipi d'illecito, in cui sembrano prevalere stimoli incosci, o in ogni modo non assoggettabili ad un calcolo preventivo di costi e benefici, da parte dell'individuo che delinque. Per una parziale rivalutazione, v. però H. L. PACHER, I limiti della sanzione penale, cit. 41 ss. bensì nei momenti positivi che si connettono alla funzione d'orientamento culturale (a cui pure si è accennato), che il diritto penale esercita, nella misura in cui induce, attraverso la sua presenza e la generale consuetudine d'osservanza dei suoi comandi, processi d'interiorizzazione dei valori che sottendono, in via di perpetuazione, rafforzamento (o immutazione) di norme etico – sociali preesistenti. A questa funzione d'aggregazione dei consensi la dottrina contemporanea impone il nome di prevenzione generale integratice: concetto a cui è evidentemente tutt'altro che estraneo un profilo socializzante e, perciò, lato sensu, "rieducativi".

La dottrina riconosce tuttavia concordemente che il prodursi degli effetti propri della prevenzione generale positiva non costituisca un effetto automatico della posizione della norma, ma dipenda da vari fattori. In primo luogo è decisiva non tanto la severità della minaccia – vale a dire il suo astratto effetto di deterrenza – quanto la sua effettività, in quanto contribuisce a rendere credibile il sistema. In secondo luogo l'efficacia general - preventiva delle norme penali è direttamente proporzionale al grado di convergenza fra disapprovazione sociale e disapprovazione legale: ciò implica fra l'altro che il sistema penale sia circoscritto alla tutela di beni essenziali, che sia rispettato l'equilibrio fra illecito e sanzione, che i comportamenti vietati siano accuratamente tipicizzati.

Fondamentale è la proporzione tra entità della pena minacciata e gravità del reato, che se da un lato evoca immediatamente l'idea della giusta retribuzione, dall'altro condiziona la stessa prospettiva del recupero sociale: essendo l'equilibrio fra illecito e sanzione il requisito minimo indispensabile perché il reo possa percepire la norma come "giusta" e assumerla per il futuro come regola di condotta.

Non si deve dimenticare che l'art. 27 della Costituzione, con lo stabilire che le pene "non possono consistere in trattamenti contrari al senso d'umanità e devono tendere alla rieducazione del condannato", implicitamente vieta l'uso di sanzioni che in ogni modo contraddicano il finalismo rieducativi. Si osserva, inoltre, che un sistema orientato verso un innalzamento indifferenziato delle sanzioni, in chiave di pura deterrenza, finirebbe per contraddire il senso stesso della prevenzione generale, che implica un equilibrio fra la gravità del reato e la misura della pena. Se, infatti, il "rischio penale" fosse lo stesso per reati di differente gravità, ne deriverebbe un incentivo a commettere, a parità di rischio, fatti più gravi (ma eventualmente connotati da maggior profitto).

Nella fase dell'inflazione della pena (c.d. fase giudiziale) la prevenzione generale non può che occupare uno spazio assai ristretto. Restano in particolare del tutto esclusi gli effetti di pura intimidazione, connessi con la prevenzione generale nel suo aspetto negativo. Ogni condanna "esemplare" destinata in altre parole a scoraggiare i consociati dal commettere reati della stessa specie comporterebbe, infatti, la strumentalizzazione del reo per fini di politica criminale e violerebbe quindi l'insieme dei precetti costituzionali (ivi compreso l'art. 27, comma 2 della Costituzione) che, assegnando alla persona umana una posizione centrale nel sistema dei valori normativi di riferimento, ne impongono la considerazione come fine dell'azione dell'ordinamento e mai come mezzo per l'altrui intimidazione. E' questo il motivo fondamentale perciò si ritiene che la pena non debba mai essere superiore a quella che corrisponde alla colpevolezza individuale per il fatto.

La prevenzione generale positiva è invece presente anche in questa fase, sull'esigenza già sottolineata dell'effettività della minaccia, quale fattore coessenziale della funzione d'orientamento culturale: per l'attendibilità dell'ordinamento si esige che la pena minacciata venga poi effettivamente inflitta, quando la norma sia stata violata.

Non sembra invece per niente necessario un recupero della concezione retributiva della pena, per farne scaturire effetti in termini di proporzione fra entità della pena e gravità della violazione: un'esigenza questa che certo appartiene alla fisionomia tradizionale della pena come retribuzione, ma che può essere altrettanto agevolmente perseguita argomentando sulla base dei vigenti principi costituzionali in primo luogo quello dell'art. 3 della Cost. e in funzione del perseguimento delle finalità di prevenzione generale e speciale. Per una sintesi dei motivi che si oppongono alle varie istanze di recupero delle condizioni retributive, S. MOCCIA, Il diritto penale, cit. 85 ss, ove si puntualizza l'inconciliabilità della prospettiva etico-retributiva con i principi su cui si fonda lo Stato di diritto liberal – democratico. Sul punto cfr. anche C. ROXIN, SINN und Grenzen staatlicher Strafe, tr. It. di G. CASAROLI, Senso e limiti della pena statuale, Ferrara, 1979, 14 ss. Considerazioni di politica criminale sul principio di colpevolezza, in

Riv. It. Dir. Proc. Pen. 1980, 371 ; inoltre, G. MARINUCCI, Politica criminale, cit. 482. Ad obiezione analoga prestano il fianco anche le posizioni c.d. neo-retribuzionistiche (su cui v., per un'accurata disamina critica, L. EUSEBI, La " nuova" retribuzione, cit.), fondate sul recupero di una funzione satisfattorio – stabilizzatrice della pena che, oltre a coprire, in realtà, un meccanismo di carattere generalpreventivo (cfr. H. L. PACKER, op. cit. 44 s.), suscitano inquietudine anche nella misura in cui contraddicono la funzione di "filtro" che al diritto penale spetta, nel punto in cui raccoglie i bisogni e le istanze di tutela penale, provenienti dalla società. In argomento, v. anche Ge.sta.po, L'abbandono del codice Rocco, bit. 311 ss. Di una funzione satisfattoria, strumentale rispetto ai fini della prevenzione generale, parlava, come si ricorderà, anche Alfredo Rocco nella Relazione al codice vigente (Rel. Al re, cit., 16).

E' soprattutto l'istanza rieducativa, una volta assicurata il rispetto della proporzione con il fatto, ad orientare le scelte sanzionatorie nella fase giudiziale.

Nella fase dell'esecuzione della pena sono, com'è ovvio, del tutto prevalente le esigenze della prevenzione speciale. Poiché l'istanza specialpreventiva è considerata, dal punto di vista rieducativa, "rieducazione", è appena necessario avvertire che da essa esulano sia la prospettiva di una mera neutralizzazione del reo, sia l'obiettivo della sua rigenerazione morale che, per quanto già detto, non appartiene ai fini del diritto penale. Di prevenzione speciale si parla nel senso della risocializzazione, o almeno della non de-socializzazione del condannato.

Un limitato spazio d'operatività deve tuttavia essere riconosciuto, anche nella fase dell'esecuzione, all'istanza generalpreventiva: sia per il generico effetto di riaffermazione della serietà della minaccia penale, che consegue all'esecuzione della pena, e sia perché, in assenza di specifiche esigenze di natura specialpreventiva (o, ancora, in ipotesi di mancata adesione del soggetto all'azione di recupero), a legittimare l'attivazione dello strumento penale, ben possono invocarsi le residue esigenze di prevenzione generale.

L'odierna fisionomia della pena:
gli interventi legislativi dal 1974 sino al 2013.

Nella nutrita legislazione penale dell'ultimo trentennio, ad onta del suo carattere dispersivo e inorganico e della sua scarsa coerenza, è comunque possibile cogliere l'influenza delle direttive costituzionali in materia di pena.

In particolare negli ultimi anni le modifiche intervenute sul sistema sanzionatorio sembrano orientate a dare attuazione in maniera più marcata all'idea della sanzione detentiva come extrema ratio della risposta penale; tuttavia a causa della scarsa efficienza del sistema penale nel suo complesso, gli opportuni e condivisibili interventi di mitigazione e diversificazione degli strumenti punitivi, finiscono non di rado per determinare pericolosi fenomeni di 'fuga dalla sanzione', che si manifesta soprattutto nella diffusa ineffettività del sistema d'esecuzione penale.

E' ovvio che questo stato di fatto, oltre a generare sfiducia nella collettività, abbassa drasticamente i livelli d'efficacia della pena in termini di prevenzione generale e inevitabilmente condiziona l'attendibilità e la stessa possibilità di attuare prospettive di tipo specialpreventivo.

Gli istituti più espressivi in cui queste tendenze si esprimono saranno esaminati a suo luogo in dettaglio. Un quadro riassuntivo delle principali innovazioni legislative nella materia potrebbe esser il seguente:

1) l'ammissione dei condannati alla pena perpetua dell'ergastolo (già ammessi con la legge n. 1634 del 1962 alla liberazione condizionale) ai benefici della semilibertà ex. artt. 48 e 50 della Legge n. 354 del '75 e della liberazione anticipata ex. art. 54 Legge n. 354 del 1975, che oggi è concessa con la novella legislativa n. 277 del 2002 dal Magistrato di Sorveglianza ai sensi e per gli effetti di cui all'art. 69bis della legge n. 354/'75, nonché come dispone l'art. 103 del D.P.R. n. 230 del 2000;

2) gli interventi modificativi della sospensione condizionale della pena che, sia nell'ampliarne la possibilità d'applicazione che nel collegarne la concessione in determinati casi all'adempimento d'obblighi specifici, appaiono ispirati all'attuazione delle finalità rieducative della pena e sicuramente orientati nel senso di ridurre gli effetti desocializzanti connessi con l'esecuzione delle pene detentive di breve durata;

3) l'introduzione di misure alternative alla detenzione, all'interno di una riforma del sistema penitenziario, attuata in più riprese (anni 1975, 1986 e da, ultimo, con il D.P.R. 30 giugno 2000, n. 230, contenente il nuovo regolamento sull'ordinamento penitenziario e sulle misure privative e limitative della libertà) e apertamente ispirata all'ideologia della rieducazione;

4) l'introduzione, con la Legge 24 novembre 1981, n. 689, delle sanzioni sostitutive delle pene detentive brevi, come successivo passo in direzione dell'abbandono di un sistema sanzionatorio imperniato essenzialmente sulla carcerazione, per di più in una prospettiva essenzialmente custodialistica;

5) l'ampliamento del ventaglio delle pene accessorie;

6) l'introduzione per opera del d.lgs. 28 agosto 2000 n. 274 di un sistema sanzionatorio autonomo e di meccanismi di definizione differenziata del procedimento per i reati assegnati alla competenza del'giudice di pace'. La competenza per materia del giudice di pace è fissata nell'art. 4 del d. lgs. 28 agosto 2000 n. 274 ed è piuttosto composita ed articolata. Le fattispecie di reato più significative attribuite alla competenza del giudice di pace sono quelle previste dall'art. 4 della legge istitutiva dove, sia pure con una serie di rilevanti limitazioni volte ad escludere dalla giurisdizione del giudice di pace le ipotesi più gravi all'interno di ciascuna previsione, sono contemplati tra gli altri i delitti di percosse (art. 581 c.p.), lesione personali dolose (art. 582 c.p.) e colpose (art. 590 c.p.), l'omissione di soccorso (art. 593 c.p.), l'ingiuria (art. 594 c.p.), la diffamazione (art. 595 c.p.), la minaccia (art. 612 c.p.) ed altri ancora; alcune ipotesi codicistiche di tipo contravvenzionale sono poi previste dalla lett. b) dello stesso comma. Nel comma secondo vi è invece un lungo elenco di reati contemplati da numerose ed assai variegate disposizioni di legislazione complementare, la maggior parte delle quali sono peraltro di modestissimo disvalore penale.

Le innovazioni legislative appena ricordate si collocano, peraltro, sullo sfondo di una legislazione penale "novellistica" o "speciale", per la distinzione fra legislazione "organica", "novellistica" e "speciale", negli interventi riformatori dell'ultimo ventennio, (cfr. F. C. PALAZZO, op. cit. 7 ss.), decisamente alluvionale e non di rado contraddittoria dal punto di vista delle opzioni politico-criminali; segnata com'è da ricorrenti momenti di riflusso, puntualmente sfociati nella c.d. legislazione di emergenza, sotto l'impulso di pure spinte emotive o di esigenze di chiara impronta generalpreventiva, costituenti la risposta a gravi fenomeni di criminalità organizzata, comune e terroristica.

Un siffatto andamento ormai quasi cronico della legislazione penale ha avuto come effetto, da un lato la riduzione dell'area coperta dalla pena carceraria per la criminalità medio-lieve, senza però che a questo fenomeno abbia corrisposto in misura adeguata la sostituzione del momento custodialistico con strumenti d'intervento alternativo realmente efficaci, finalizzati alla risocializzazione del reo; dall'altro l'irrigidimento delle modalità di detenzione dei colpevoli (e addirittura dei presunti colpevoli!) dei più gravi delitti specie di criminalità organizzata in forme tali da risultare decisamente ostative a qualsiasi programma di trattamento "rieducativo". Né si può dimenticare che qualsiasi tentativo d'attuazione delle finalità rieducative della pena è costretto a fare i conti con la perdurante situazione di sovraffollamento degli istituti penitenziari, indotto anche dalla dilatazione del ricorso alla custodia cautelare, resa in sostanza obbligatoria per certe categorie di reati e di delinquenti e adottata con inusitata larghezza anche per altri reati, in questi ultimi anni.

Si dovrebbe inserire in questo quadro anche la legislazione di tipo "premiale", e quella parzialmente ancora in fieri relativa ai programmi di protezione dei c.d."collaboratori di giustizia", in cui trovano posto anche forme d'espiazione extracarceraria delle pene detentive.

La dottrina nel complesso appare in ogni modo orientata a ritenere che la registrazione delle difficoltà e degli inconvenienti che caratterizzano la realtà attuale della pena non autorizzino per nulla a decretare il fallimento del principio rieducativo, là dove si tratta piuttosto di impegnarsi a rimuovere gli ostacoli che ne impediscono la concreta attuazione: il che può anche voler dire impegnarsi per modificare il situazione socio-politico e culturale, nel quale esse s'inseriscono, affinando nello stesso tempo gli strumenti per un intervento efficace sul piano della risocializzazione e potenziando le relative strutture.

In particolare rimane positivo nonostante tutto il giudizio sulle alternative alla pena carceraria, introdotte nel sistema; nonostante l'approssimazione con cui soprattutto la riforma del 1981 è stata concepita e attuata, in assenza d'adeguate conoscenze empiriche perfino dal punto di vista statistico idonee ad orientare l'intervento legislativo, NOTA: come rilevano E. DOLCINI- C. E. PALIERO, Il carcere ha alternativa? cit., 284 s.

Al tempo stesso si rileva che lo scopo di una credibile risocializzazione non può certo essere perseguito mediante automatismi e in ogni modo non in base ad un'accezione essenzialmente "indulgenziale" dei nuovi istituti; e si pone in guardia dai rischi connessi sia alla dilatazione dei poteri discrezionali della magistratura di sorveglianza, sia all'esaltazione del potere disciplinare dell'amministrazione penitenziaria, derivante dalla diversificazione dei regimi detentivi, in funzione della ritenuta pericolosità di certe categorie di detenuti, NOTAG. FIANDACA – E. MUSCO, Diritto Penale, cit. 673 ss.

Nella stessa direzione si muove anche l'intervento $-3concernente, i reati assegnati alla competenza del giudice di pace che si presenta, sia pure con un ambito applicativo molto limitato, come una sorta di 'laboratorio' della riforma del sistema sanzionatorio: l'intervento percorre, infatti, la direttrice della 'decarcerazione', unita a forme di risoluzione del conflitto diverse da quelle incentrate sull'inflazione della sanzione, secondo una linea di riforma largamente condivisa a livello internazionale; le perplessità riguardano semmai la scelta fondamentale relativa all'utilizzazione di giudici onorari in materia penale, e l'opzione 'conservativa' dell'uso comunque dello strumento penale per fatti di natura tendenzialmente di minore offesa.

Le difficoltà di concretizzazione, i punti di crisi, gli ostacoli d'ordine pratico all'attuazione del principio rieducativi sono in realtà dati di fatto innegabili. E, tuttavia non si può non essere d'accordo con l'opinione largamente diffusa nella dottrina più recente che, di là da ogni visione "integralista" della prevenzione speciale, l'obiettivo della risocializzazione o almeno della non-desocializzazione del condannato è il solo perseguibile in un sistema penale che voglia conciliare le istanze dello Stato di diritto con la vocazione dello Stato sociale.

Le tipologie della pena edittale e i criteri della sua determinazione giudiziale.
Pene principali, Pene accessorie e Pene sostitutive.

Il codice vigente distingue le pene in principali e accessorie. A norma dell'art. 20 c.p. le pene principali sono inflitte dal giudice con la sentenza di condanna, quelle accessorie "conseguono di diritto alla condanna, come effetti penali di essa". L'art. 17 del c.p. dal canto suo elenca le pene principali, distinguendo fra quelle stabilite per i delitti e quelle previste per le contravvenzioni. Le pene principali comminate per i delitti sono attualmente: 1) l'ergastolo; 2) la reclusione; 3) la multa. Quelle stabilite per la contravvenzioni sono: 1) l'arresto; 2) l'ammenda. Le pene accessorie stabilite per i delitti e per le contravvenzioni sono separatamente elencate nell'art. 19 c.p. e saranno oggetto di trattazione successiva.

L'art. 18 del c.p. classifica le pene principali secondo un diverso criterio che concerne il loro contenuto, denominando "pene detentive" o "restrittive della libertà personale": l'ergastolo, la reclusione e l'arresto; pene "pecuniarie": la multa e l'ammenda.

Il catalogo delle pene principali, contenuto originariamente nell'art. 17 c.p. si apriva con la menzione della pena di morte che, abolita dal Codice Zanardelli, era stata reintrodotta dal codice del 1930, in coerenza con scelte politiche criminali, ispirate ad una strategia d'estrema prevenzione mediante intimidazione. Con l'art. 1 del d. lgs. 10 agosto 1944 n. 224 la pena di morte fu nuovamente soppressa per i delitti preveduti dal codice, stabilendosi nel frattempo che nei casi (non pochi)perciò essa era prevista, si applicasse in suo luogo la pena dell'ergastolo. Con gli artt. 1, co.1 e 3 del d.lgs. 22 gennaio 1948, n. 21 la pena di morte fu eliminata anche dalla legge penale in vigore: ciò in attuazione del già ricordato art. 27, comma 3 della Costituzione che, nel ripudiare in modo generalizzato il ricorso alla pena di morte, aveva tuttavia fatti salvi i casi in cui essa era prevista nel codice penale militare di guerra. Di recente anche questa residua ipotesi d'ammissibilità della pena di morte è stata infine eliminata, a seguito della legge 13 ottobre 1994, n. 689.

Nell'insieme l'impianto sanzionatorio del codice appare fondato essenzialmente sulla pena detentiva che talvolta congiunta, talaltra (raramente) in alternativa con la pena pecuniaria costituisce, almeno per i delitti dolosi, praticamente la regola. La dottrina segnala non da oggi l'assai scarsa valorizzazione della pena pecuniaria da parte del legislatore del '30 e più in generale la mancanza d'alternative nella comminatoria delle sanzioni; senza dire che alcune delle pene "accessorie", ora previste come tali, potrebbero egregiamente funzionare come autonome pene "principali". Solo in tempi relativamente recenti (1981), con l'introduzione delle sanzioni sostitutive delle pene detentive brevi, il ventaglio delle possibilità offerte al giudice sul piano sanzionatorio si è in qualche misura esteso.

Il largo ricorso alla sanzione detentiva e l'elevatezza dei minimi e di massimi edittali anche per reati non gravi giustifica la prevalente prassi giudiziaria nella tendenza ad attestarsi per lo più in prossimità dei minimi edittali, a dichiarare pressoché immancabilmente la prevalenza delle attenuanti sulle aggravanti, o al più la loro equivalenza, ecc. La severità delle pene comminate dal codice, in assenza di una riforma organica della parte speciale, è senza dubbio anche all'origine delle innovazioni legislative che hanno via via ampliato (secondo molti eccessivamente) l'ambito di discrezionalità del giudice nella determinazione della pena.

A prescindere dalla bontà degli strumenti prescelti, certo è che l'andamento della legislazione penale dalla reintroduzione delle attenuanti generiche (1944) alla riforma dell'art. 69 c.p. alla nuova disciplina del concorso di reati e alla sospensione condizionale della pena ex. Art. 163 c.p. (1974), fino appunto alle sanzioni "sostitutive" (legge n. 689 del 1981) appare in ogni modo univoco nella tendenza a ridurre l'area della "carcerazione" per i reati meno gravi; obiettivo al cui conseguimento concorrono altresì le misure introdotte con le leggi sull'ordinamento penitenziario (dal 1975, 1986 e il nuovo regolamento d'esecuzione n. 230 del 2000) e le successive opportunità offerte dal nuovo processo penale, mi riferisco al c.d. "patteggiamento" (rectius: applicazione della pena per richiesta delle parti).

LE SINGOLE PENE PRINCIPALI

A) Le pene detentive.

a) l'ergastolo.

L'ergastolo è una pena detentiva perpetua: art. 22 c.p. essa si estende almeno potenzialmente tanto quanto è destinata a durare la vita residua del condannato. A norma dell'art. 22 la pena dell'ergastolo "è scontata in uno degli stabilimenti a ciò destinati", con l'obbligo del lavoro e con l'isolamento notturno. Il comma 2 dell'art.22 prevede che il condannato all'ergastolo possa essere ammesso al lavoro all'aperto.

Per la sua dubbia compatibilità con il principio rieducativo la costituzionalità della pena dell'ergastolo è stata ripetutamente contestata; una sentenza della Corte Costituzionale del 1974 n. 264 ebbe a dichiarare "non fondata" la relativa eccezione di legittimità, in conformità ad una concezione "polifunzionale" della pena, che valorizzava fra gli scopi della pena, l'obiettivo della rieducazione del condannato, e "la prevenzione generale, la difesa sociale e la neutralizzazione a tempo indeterminato di determinati delinquenti". Quest'orientamento esce tuttavia sostanzialmente confermato anche dalla sentenza costituzionale del 28 aprile 1994, n. 168, che ha sancito l'inapplicabilità dell'ergastolo ai minori degli anni diciotto, esplicitamente diversificando la portata dell'art. 27, comma 3 della Costituzione, in rapporto ai soggetti considerati nell'art. 31, comma 2 della Costituzione. Sta di fatto che, a seguito di varie modifiche legislative intervenute in materia, risultano in ogni caso largamente ridimensionate le riserve d'ordine costituzionale sull'ergastolo.

Il condannato all'ergastolo, infatti, ora è ammesso a godere della libertà condizionale ex. art. 176 del c.p. dopo che abbia scontato ventisei anni di pena; può inoltre godere della liberazione anticipata ex. art. 54 della legge n. 354 del 1975, del regime della semilibertà, dopo aver scontato venti anni di pena ex. artt. 48 e 50 della legge n. 354/'75. Un diverso profilo d'illegittimità costituzionale dell'ergastolo concerne inoltre il suo carattere di pena fissa, come tale suscettibile di contrasto con il "volto costituzionale" del diritto penale, salvo che la sua concreta previsione non appaia "proporzionata all'intera gamma di comportamenti riconducibili allo specifico tipo di reato" (Corte Costituzionale 1980, n. 50). Cionondimeno persistono accanto a tenaci difese della pena perpetua non meno vigorose tendenze abolizioniste; in tempi relativamente recenti (1981) è stato indetto sull'argomento nel nostro paese un referendum popolare, che si è tuttavia concluso con diniego della proposta d'abrogazione dell'ergastolo. La 'storica' proposta di eliminare l'ergastolo dal calcolo delle pene, sostituendolo con la 'reclusione speciale' da 25 a 30 anni, era contenuta nel progetto di riforma del codice penale elaborato dalla commissione Grosso. Nel senso del mantenimento della pena perpetua si è invece espressa la nuova commissione per la riforma del codice penale, presieduta dal dott. Nordio.

B) La reclusione.

E' la pena detentiva temporanea stabilita per i delitti. La sua durata può estendersi da quindici giorni a ventiquattro anni (art. 23 c.p.); la sua durata massima può tuttavia giungere fino a trenta per effetto di circostanze aggravanti o di concorso di reati.

A norma dell'art. 23 la reclusione è scontata in uno degli stabilimenti a ciò destinati, con l'obbligo del lavoro e con l'isolamento notturno. Il condannato alla reclusione, che ha scontato almeno un anno della pena, può essere ammesso al lavoro all'aperto.

La legge 26 luglio 1975 n. 354 sull'ordinamento penitenziario precisa ulteriormente i principi sulla cui base dovrebbe accadere l'esecuzione della pena della reclusione, prescrivendo in particolare che il trattamento penitenziario risponda alle particolari esigenze della personalità del condannato; che il lavoro non abbia carattere affittivo e che sia remunerato in misura non inferiore ai due terzi delle tariffe sindacali.

C) L'arresto.

E' la pena detentiva temporanea stabilita per le contravvenzioni. Si estende da cinque giorni a tre anni; questo limite può essere elevato fino a cinque anni per il concorso di circostanze aggravanti e fino a sei per effetto del cumulo conseguente ad ipotesi di concorso di reati. Le regole che presiedono all'esecuzione della pena dell'arresto, sono analoghe a quelle stabilite per la reclusione. Il condannato all'arresto, peraltro, "può essere addetto a lavori anche diversi da quelli organizzati nello stabilimento, avuto riguardo alle sue attitudini e alle sue precedenti occupazioni" (art. 25 comma 2 c.; art. 21 legge 354/'75). Un aspetto particolare dell'attuale disciplina dell'arresto è costituito dal fatto che questa pena può sempre essere scontata in regime di semilibertà.

B) Le pene 'non detentive', limitative della libertà personale.

Una delle novità più significative che hanno accompagnato l'introduzione della competenza penale del giudice di pace, è rappresentata dalla previsione di misure sanzionatorie di tipo non detentivo ma in vario modo limitative della libertà personale, secondo un indirizzo teso a realizzare obiettivi di decarcerizzazione, pur mantenendosi all'interno di un'opzione di tipo penale. L'art. 52 del d.lgs. 28 agosto 2000, n. 274 prevede, infatti, con clausola di carattere generale, che agli autori di reati appartenenti alla competenza del giudice di pace originariamente puniti con una sanzione diversa dalla sola pena pecuniaria, possa essere applicata alternativa alla pena pecuniaria (multa o ammenda), la pena della permanenza domiciliare o quella del lavoro di pubblica utilità, che arricchiscono dunque il catalogo delle pene principali elencate all'art. 17 del codice penale. Va segnalato, a conferma della natura autonoma di queste sanzioni, che la violazione degli obblighi inerenti all'esecuzione di queste due sanzioni integra una nuova fattispecie di reato introdotta con l'art. 56 d. lgs. 274 del 2000.

La pena della permanenza domiciliare (art. 53 d.lgs. 28 agosto 2000, n. 274) "comporta l'obbligo di rimanere presso la propria abitazione o in altro luogo di privata dimora ovvero il luogo di cura assistenza o accoglienza nei giorni di sabato e domenica ". La sanzione, la cui durata non può essere inferiore a sei giorni, né superiore a quarantacinque, presenta tuttavia un certo grado di flessibilità ed ulteriori possibili articolazioni: in particolare essa non solo, in considerazione di "esigenze familiari, di lavoro, di studio o di salute del condannato ", può essere eseguita in giorni diversi dal sabato e dalla domenica, ma su richiesta del condannato anche continuamente. Inoltre il giudice può aggiungere all'obbligo di non allontanarsi dal domicilio il divieto per il condannato ad accedere a specifici luoghi nei giorni in cui non è obbligato alla permanenza domiciliare.

La pena del lavoro di pubblica utilità "non può essere inferiore a dieci giorni né superiore a sei mesi e consiste nella prestazione d'attività non retribuita in favore della collettività da svolgere presso lo Stato, le regioni, le province, i comuni o presso enti od organizzazioni d'assistenza sociale e di volontariato".

Può essere utile riprodurre il testo, piuttosto complesso, dell'art. 54 d.lgs. 28 agosto 2000, n. 274 che prevede appunto la pena del lavoro di pubblica utilità:

Il giudice di pace può applicare la pena del lavoro di pubblica utilità solo per richiesta dell'imputato;

Il lavoro di pubblica utilità non può essere inferiore a dieci giorni né superiore a sei mesi e consiste nella prestazione d'attività non retribuita in favore della collettività da svolgere presso lo Stato, le regioni, le province, i comuni o presso enti od organizzazioni d'assistenza sociale e di volontariato.

L'attività è svolta nell'ambito della provincia in cui risiede il condannato e comporta la prestazione di non più di sei ore di lavoro settimanale da svolgere con modalità e tempi che non pregiudichino le esigenze di lavoro, di studio, di famiglia e di salute del condannato. Tuttavia se il condannato lo richiede, il giudice può ammetterlo a svolgere il lavoro di pubblica utilità per un tempo superiore alle sei ore settimanali.

La durata giornaliera della prestazione non può comunque oltrepassare le otto ore.

Ai fini del computo della pena, un giorno di lavoro di pubblica utilità consiste nella prestazione, anche non continuativa, di due ore di lavoro.

Fermo quanto previsto dal presente articolo, le modalità di svolgimento del lavoro di pubblica utilità sono determinate dal Ministro della Giustizia con decreto d'intesa con la Conferenza unificata di cui all'articolo 8 del decreto legislativo 28 agosto 1997, n. 281.

 Essa, conformemente al divieto di lavoro forzato od obbligatorio contenuto nelle convenzioni internazionali (cfr. art. 4 Convenzione europea di difesa dei diritti dell'uomo e art. 8 del Patto internazionale relativo ai diritti politici e civili), può essere irrogata soltanto se l'imputato ne fa richiesta. Il giudice nell'irrogare la sanzione è chiamato a definire le concrete modalità esecutive nell'ambito delle indicazioni fornite con il decreto dal Ministro della Giustizia 26 marzo 2001 (Norme per la determinazione delle modalità di svolgimento del lavoro di pubblica utilità applicato in base all'art. 54 comma 6 del decreto legislativo 28 agosto 2000, n. 274).

C)Le pene pecuniarie.

 Le pene pecuniarie consistono nel pagamento allo Stato di una somma di denaro e possono avere carattere fisso o proporzionale (art. 27 c.p.). Si dicono fisse, quando sono determinate, a livello edittale, in limiti prestabiliti fra un minimo e un massimo. Si dicono proporzionali, quando la loro entità è commisurata ad un dato variabile (ad esempio il valore di una cosa, come l'oggetto del reato, il suo profitto, ecc.) e risulta dalla sua moltiplicazione per un coefficiente stabilito (es. art. 252 c.p. "multa pari al quintuplo del valore della cosa e dell'opera"). A norma dell'art. 27 le pene proporzionali "non hanno limite massimo".

 Le pene pecuniarie sono la multa e l'ammenda

a) La multa.

La multa è la pena pecuniaria prevista per i delitti: "consiste nel pagamento allo Stato di una somma non inferiore ad euro 5, né superiore ad euro 5.164" (art. 24 co.1 c.p.). La pena della multa, oltre ad essere comminata dalla singola norma incriminatrice, può essere aggiunta dal giudice se la legge stabilisce per il delitto la sola pena della reclusione, quando si tratti di fatti "determinati da motivi di lucro" (art. 24 co. 2 c.p.).

La disciplina concernente, l'applicazione e l'esecuzione della pena della multa è stata significativamente innovata dalla legge 689 del 1981 ("Modifiche al sistema penale"). Oltre ad aggiornare i limiti minimo e massimo della multa, questa legge, ampliando una facoltà già contemplata nel precedente testo dell'art. 24 c.p. ha stabilito in via generale il principio che, nell'irrogazione delle pene pecuniarie, il giudice debba in ogni caso tener conto delle condizioni economiche del reo (art. 133 bis, co.1 c.p.) e in particolare che possa aumentarle sino al triplo del massimo previsto per legge, ovvero diminuirle fino ad un terzo, "quando, per le condizioni economiche del reo, ritenga che la misura massima sia inefficace ovvero che la misura minima sia eccessivamente gravosa" (art. 133bis, co 2, c.p.). Con il successivo art. 133ter, sempre introdotto dalla legge 689 del '81, si è altresì prevista la possibilità che, in ragione delle condizioni economiche del condannato, il pagamento avvenga in rate mensili, da tre a trenta, ciascuna per un ammontare non inferiore a 15 euro.

La pena della multa, non eseguita per insolvibilità del condannato, è soggetta a convenzione. Nell'originaria disciplina del codice, la sanzione di conversione era sostituita, per la multa, della reclusione e, per la pena dell'ammenda, dalla corrispondente pena detentiva dell'arresto. Dopo che la Corte Costituzionale con sentenza n. 31 del 1979 aveva dichiarato costituzionalmente illegittimo tale meccanismo di traslazione della pena, dai beni alla persona del condannato, il legislatore, sempre nell'ambito della già menzionata legge di modifiche al sistema penale n. 689/'81, introdusse, quali nuove sanzioni di conversione, la libertà controllata e il lavoro sostitutivo.

b) l'ammenda.

L'ammenda consiste nel pagamento allo Stato di una somma non inferiore ad euro 2 e non superiore ad euro 1032 (art. 26 c.p.). E' la pena pecuniaria prevista per le contravvenzioni; la sua disciplina è del tutto analoga a quella della multa.

Le pene accessorie.

L'art. 19 c.p. elenca separatamente le pene "accessorie" previste per i delitti e quelle previste per le contravvenzioni.

Pene accessorie per i delitti sono:
l'interdizione dai pubblici uffici;
l'interdizione da una professione o da un'arte;
l'interdizione legale;
l'interdizione dagli uffici direttivi delle persone giuridiche e delle imprese;
l'incapacità di contrattare con la pubblica amministrazione;
l'estinzione del rapporto di impiego o di lavoro;
la decadenza o la sospensione dall'esercizio della potestà dei genitori.

Pene accessorie per le contravvenzioni sono:
la sospensione dall'esercizio di una professione o di un'arte;
la sospensione dagli uffici direttivi delle persone giuridiche e delle imprese.

Pena accessoria comune ai delitti e alle contravvenzioni è la pubblicazione della sentenza di condanna.

A parte quest'ultima ipotesi, contrassegnata tradizionalmente come misura infamante, le pene accessorie corrispondono a misure interdittive o sospensive dell'esercizio di diritti, potestà, uffici, o in misure incapacitanti. Nel testo originario dell'art. 19 c.p. era prevista un'altra pena accessoria, costituita dalla perdita della capacità di testare e dalla comminatoria di nullità del testamento fatto prima della condanna. Questa pena accessoria è stata soppressa con la legge 689 del '81 di modifiche al sistema penale che, oltre ad armonizzare la previsione relativa alla decadenza della potestà dei genitori con il nuovo diritto di famiglia, il vecchio testo dell'art. 19, co.1, n. 5, prevedeva come pena accessoria "la perdita o la sospensione dall'esercizio della patria potestà o dell'autorità maritale ", ha introdotto due pene accessorie nuove per i delitti: l'interdizione dagli uffici direttivi delle persone giuridiche e delle imprese e l'incapacità di contrattare con la p.a. Nella forma della sospensione analoga pena accessoria è stata introdotta per le contravvenzioni.

La funzione delle pene accessorie è ovviamente configurata in dottrina secondo prospettive influenzate dai diversi punti di vista sugli scopi della sanzione penale. Sull'opinione tradizionale, che assegnava anche alle pene accessorie essenzialmente scopi di prevenzione generale, prevale oggi quella che le contrassegna come strumenti di prevenzione speciale, almeno nella limitata prospettiva della neutralizzazione del reo, in particolare, quando i fatti per i quali la condanna è intervenuta sono connessi all'esercizio degli uffici, diritti e potestà che è interdetti.

Un reale ufficio di prevenzione speciale richiederebbe tuttavia presupposti applicativi che non si rinvengono nell'impianto generale del sistema delle pene accessorie. Nella maggior parte dei casi, infatti, le pene accessorie sono caratterizzate dall'automaticità della loro applicazione, come conseguenza della condanna principale: il che sembra contraddire in modo determinante la funzione specialpreventiva della misura, poiché la sottrae ad ogni valutazione di carattere finalistico e individualizzante. Esistono bensì rari casi d'applicazione discrezionale di pene accessorie, ad es. nelle ipotesi prevedute dall'art. 229, co.2 della legge fallimentare (r.d.16 marzo 1942, n. 267), ma non appaiono certo tali da modificare i termini del problema; basti pensare che, per applicare l'interdizione dai pubblici uffici, la più rilevante probabilmente fra le pene accessorie, non si richiede necessariamente l'esistenza di una connessione con l'abuso di uffici pubblici, poiché essa consegue comunque alla condanna per reati di una certa gravità.

La sola caratteristica comune a tutte le pene accessorie è la loro complementarietà rispetto alla pena principale.

Le pene accessorie possono essere perpetue o temporanee. In questo secondo caso la loro durata, quando non è stabilita espressamente dalla legge, corrisponde alla durata della pena principale.

Da notare che, secondo l'opinione prevalente della dottrina, il catalogo delle pene accessorie contenute nell'art. 19 c.p. non può essere considerato come un'elencazione tassativa; e, di fatto, le leggi speciali contemplano non pochi casi di pene accessorie non ricomprese nell'elenco dall'art. 19. Prima dell'entrata in vigore del nuovo c.p.p. le pene accessorie potevano essere applicate anche in via provvisoria (art. 140 c.p.) durante il giudizio; questa possibilità, già notevolmente ristretta con la legge 689 del 1981, è definitivamente venuta meno a seguito dell'abrogazione dell'art. 140 c.p. e d'ogni altra norma avente analogo contenuto, con l'art. 217 delle Norme d'attuazione e coordinamento del nuovo c.p.p.

Segue la disciplina e contenuto delle singole pene accessorie.

Le pene accessorie previste per i delitti sono:

a)L'interdizione dai pubblici uffici. A norma dell'art. 28 c.p. essa priva il condannato del diritto d'elettorato, attivo e passivo, e d'ogni altro diritto politico; di gradi, titoli, e dignità accademiche, decorazioni e in genere diritti onorifici e della capacità di assumerli.

Si tratta di una sanzione interattiva assai grave, anche dopo che, a seguito di un duplice intervento della Corte Costituzionale con le sentenze n. 3 del 1966 e n. 113 del 1968, sono venute parzialmente meno le previsioni di cui al n. 5 dell'art. 28, che prevedeva la perdita "degli stipendi, delle pensioni e degli assegni che siano a carico dello Stato o di un altro ente pubblico" e al co.3 dello stesso articolo, che stabiliva la perdita, in caso d'interdizione temporanea, della capacità di acquistare o di esercitare o di godere durante l'interdizione "i predetti diritti, uffici, servizi, qualità, gradi, titoli e onorificenze". Con una prima decisione la Corte Costituzionale ha dichiarato illegittime le disposizioni menzionate, limitatamente alla parte in cui i diritti in esse previsti "traggono titolo da un rapporto di lavoro"; con una seconda decisione ha dichiarato illegittimo l'art. 28 n. 5 anche "per quanto attiene alle pensioni di guerra". L'abrogazione delle disposizioni che prevedono, a seguito di condanna penale, la perdita, la riduzione o la sospensione del diritto del dipendente dello Stato o d'altro ente pubblico al conseguimento e al godimento della pensione o d'altri assegni e indennità dipendenti dalla cessazione del rapporto di lavoro o dalle pensioni di guerra, è stato comunque sancita anche per legge (legge 8 giugno 1966, n. 424 e legge 18 dicembre 1970, n. 1089).

L'interdizione dai pubblici uffici può essere perpetua o temporanea.

Quella perpetua consegue di diritto alla condanna all'ergastolo o alla reclusione per un tempo non inferiore ai cinque anni, e alla dichiarazione d'abitualità o professionalità nel delitto e di tendenza a delinquere. L'interdizione temporanea ha una durata non inferiore ai cinque anni, e consegue alla dichiarazione d'abitualità o professionalità nel delitto e di tendenza a delinquere. Essa consegue alla condanna alla reclusione per un tempo non inferiore a tre anni (in questo caso ha la durata di cinque anni) e alla condanna per delitti commessi con l'abuso dei poteri o con violazione dei doveri inerenti alla pubblica funzione o al pubblico servizio. L'interdizione non si applica nel caso di condanna per delitto colposo.

b) L'interdizione da una professione o da un'arte (art. 30 c.p.) priva il condannato della capacità di esercitare durante l'interdizione una professione, arte, industria, o un commercio o mestiere, perciò è richiesto uno speciale permesso o una speciale abilitazione, autorizzazione o licenza dell'autorità, e ne comporta la decadenza. Non può avere durata inferiore ad un mese, né superiore a cinque anni, salvi i casi espressamente stabiliti dalla legge. Consegue alle condanne per delitti commessi con abuso di una professione, arte, mestiere, ecc. o con violazione dei relativi doveri. Si discute sull'applicabilità dell'interdizione nei confronti dei giornalisti, la cui professione una parte della dottrina riporta nell'ambito di quelle che richiedono "una speciale abilitazione, autorizzazione o licenze", il che è invece contestato dall'opinione prevalente.

In argomento, P. PISA, Le pene accessorie, cit. 121 ss.

c) L'interdizione legale (art. 32). Consegue alle condanne di maggior gravità. E' legalmente interdetto il condannato all'ergastolo ed è legalmente interdetto, durante l'esecuzione della pena, il condannato alla reclusione per un tempo non inferiore a cinque anni, sempre che non si tratti di condanna per delitto colposo. L'interdizione legale priva il soggetto della capacità di agire: si applicano pertanto, per ciò che concerne l'amministrazione e la disponibilità dei beni e la rappresentanza nei relativi atti, le norme della legge civile sull'interdizione giudiziale. L'interdizione legale produce anche la sospensione, per la durata della pena, dell'esercizio della potestà dei genitori, salvo che il giudice disponga altrimenti.

d) L'interdizione dagli uffici direttivi delle persone giuridiche e delle imprese (art. 32bis c.p.). E' stata introdotta come pena accessoria nel codice dalla legge 689 del 1981 e mira a rafforzare la risposta sanzionatoria ai reati connessi con l'esercizio di un'attività imprenditoriale. La misura era già prevista nell'art. 2641 c.c. con riferimento a determinate categorie di soggetti; con la legge 689/'81 l'art. 2641 c.c. è stato abrogato e la relativa previsione è stata assorbita in quella dell'art. 32bis, la cui sfera d'applicazione è più ampia. L'art. 32bis, infatti, prevede che l'interdizione consegua "ad ogni condanna alla reclusione non inferiore a sei mesi per delitti commessi con abuso dei poteri o violazione dei doveri inerenti all'ufficio". Essa priva il condannato della capacità di esercitare, durante l'interdizione, l'ufficio d'amministratore, sindaco, liquidatore e direttore generale, e ogni altro ufficio con potere di rappresentanza della persona giuridica o dell'imprenditore. In mancanza d'espressa determinazione normativa, la durata dell'interdizione, a norma dell'art. 37 c.p. è pari a quelle delle pena principale. L'interdizione dagli uffici direttivi non si applica nel caso di condanna per delitto colposo con reclusione inferiore a tre anni e nel caso d'inflizione della sola pena pecuniaria.

e) l'incapacità di contrattare con la pubblica amministrazione (art. 32 ter c.p.). Costituisce anch'essa una novità in questo caso assoluta introdotta con la legge 689/'81. Essa consegue alla commissione dei delitti nell'art. 32 quater, si tratta per buona parte dei delitti contro la p.a. (quelli previsti dagli artt. 316bis, 316ter, 317, 318, 319, 319bis, 320, 321, 322, 322bis, 353, 355, 356 c.p.), dei delitti d'associazione per delinquere: semplice e di tipo mafioso (artt. 416 e 416bis c.p.), del delitto di "rimozione od omissione dolosa di cautele contro infortuni sul lavoro" (art. 437 c.p.), dei delitti di "aggiotaggio" (artt. 501e 501bis c.p.), della truffa ai danni dello Stato e della truffa diretta al conseguimento d'erogazioni pubbliche (artt. 640, cpv. n.1, 640bis c.p.), "commessi in danno o vantaggio di un'attività imprenditoriale", d'usura (art. 644 c.p.), e d'altri reati, espressamente indicati da altre norme incriminatici contenute in leggi speciali: ad es. art. 12 d.lgs. 10 marzo 2000 n. 74 in materia di reati tributari. Non può avere durata inferiore ad un anno né superiore a tre anni; comporta il divieto di concludere contratti con la p.a. salvo che per ottenere le prestazioni di un pubblico servizio. Per la sua applicazione si richiede che i reati ai quali essa consegue siano stati commessi "in danno o in vantaggio di un'attività imprenditoriale o comunque in relazione ad esse"; così modificandosi l'originaria previsione dell'art. 32quater che era riferita ai fatti commessi "a causa o in occasione dell'esercizio di un'attività imprenditoriale".

Tale formulazione era sta già modificata con l'art. 21 della legge 19 marzo 1990 n. 55 e ulteriormente innovata con l'introduzione del testo ora vigente dall'art. 3, co.3, del d.l. 20 novembre 1992, n. 450.

f) L'estinzione del rapporto di lavoro o d'impiego (art. 32 quinques c.p.).

Si tratta di una nuova pena accessoria introdotta nel 2001 (legge 27 marzo 2001, n. 97) che, nel caso di condanna alla reclusione non inferiore a tre anni per i delitti di cui agli artt. 314, co.1, 317, 318, 319, 319ter e 320 c.p.comporta l'estinzione del rapporto di lavoro o d'impiego per il dipendente d'amministrazione o enti pubblici ovvero d'enti a prevalente partecipazione pubblica.

g) La decadenza o la sospensione dall'esercizio della potestà dei genitori.

Sono regolate dall'art. 34 c.p. che, nel primo comma stabilisce: "la legge determina i casi nei quali la condanna importa la decadenza dalla potestà dei genitori". Le ipotesi contemplate nel codice sono quelle della condanna all'ergastolo e della condanna per incesto e per i delitti contro la libertà sessuale (cfr. 609 nonies c.p.). A norma dell'art. 34 co. 2 la condanna per delitti commessi con abuso della potestà dei genitori importa la sospensione dell'esercizio di tale potestà per un periodo di tempo pari al doppio della pena inflitta. Sia la decadenza che la sospensione dell'esercizio della potestà dei genitori comportano l'incapacità di esercitare qualsiasi diritto che al genitore spetti sui beni del figlio, in base alle norme del titolo IX del libro I del codice civile (art. 34, co.3 e 4).

Le pene accessorie applicabili alle contravvenzioni sono:

a) La sospensione dall'esercizio di una professione o di un'arte. Consegue ad ogni condanna per contravvenzione, commessa con abuso della professione, arte, ecc. ovvero con violazione dei relativi doveri, quando la pena principale inflitta non è inferiore ad un anno d'arresto; la sospensione non può essere di durata inferiore ai quindici giorni, né superiore a due anni. Il contenuto sanzionatorio della sospensione è identico a quello della corrispondente interdizione; non comporta però la decadenza dal permesso, dall'abilitazione, ecc. così che, decorso il periodo di sospensione, l'esercizio della professione, dell'arte, ecc. può essere ripreso senza necessità di una nuova autorizzazione.

b) La sospensione dagli uffici direttivi delle persone giuridiche e delle imprese. Anche questa pena accessoria è stata introdotta con la legge 689 del '81 ed ha contenuto identico a quello della corrispondente misura interdittiva.

Consegue ad ogni condanna all'arresto per contravvenzioni commesse con abuso dei poteri o violazione dei doveri inerenti all'ufficio; non può avere durata inferiore a quindici giorni o superiore a due anni.

La pubblicazione della sentenza di condanna (art. 36 c.p.) è pena accessoria comune ai delitti e alle contravvenzione consegue alla condanna nei casi stabiliti dalla legge.

Questa pena accessoria è disposta in sentenza e consiste nella pubblicazione della sentenza di condanna (di regola "per estratto", ma il giudice può anche disporne la pubblicazione per intero) per una sola volta su uno o più giornali; la pubblicazione è eseguita d'ufficio, ma a spese del condannato.

Lo stesso art. 36 dispone che la sentenza di condanna all'ergastolo, oltre che pubblicata nei modi detti, sia anche pubblicata mediante affissione nel Comune ove è stata pronunciata, in quello ove il delitto fu commesso e in quello ove il condannato aveva l'ultima residenza.

Le pene sostitutive

Le "sanzioni sostitutive delle pene detentive brevi " (comunemente dette "pene sostitutive") rappresentano senza dubbio una delle innovazioni più significative introdotte dalla la legge 689 del 1981 di "Modifiche al sistema penale".

Sulla scia dell'esperienza avviata con le misure alternative alla detenzione introdotte dall'ordinamento penitenziario del 1975, l'art. 53 della legge 689 del 1981 prevede la possibilità che sia il giudice stesso, nell'atto in cui emette una sentenza di condanna, ad irrogare una sanzione "sostitutiva", in luogo della pena detentiva (reclusione, arresto) comminata per il reato. Si può dire quindi che sia pure nei limiti e alle particolari condizioni che subito si diranno l'introduzione delle c.d. pene sostitutive ha ampliato il ventaglio delle sanzioni a disposizione del giudice penale, che da un lato è dotato di un ulteriore strumento per una più puntuale individualizzazione della pena; dall'altro è posto comunque in condizioni di scongiurare per i reati meno gravi gli effetti desocializzanti della carcerazione, senza per questo rinunciare alla funzione dissuasiva che la concreta inflizione della pena esercita sul condannato rispetto alla commissione d'ulteriori reati. Sotto questo duplice profilo dunque le sanzioni sostitutive s'inseriscono nel solco della prevenzione speciale "integratrice" e quindi lato sensu rieducativi.

Le sanzioni sostitutive delle pene detentive brevi sono: la semidetenzione, la libertà controllata, la pena pecuniaria, una nuova particolare forma di sanzione sostitutiva è quell'introdotta dall'art. 16 del d.lgs. 25 luglio 1998 n. 286 nei confronti dello straniero di cui può essere disposta l'espulsione per un periodo non inferiore a cinque anni, quale sanzione sostitutiva della pena detentiva non superiore a due anni, per la quale non ricorrano i presupposti per la sospensione condizionale.

L'applicabilità delle sanzioni sostitutive è circoscritta dalla misura della pena determinata, in concreto, dal giudice.

Nell'originaria previsione della legge 689 del 1981, per essere sostituibile, la pena irrogata non doveva superare i sei mesi di reclusione. Questo limite è stato notevolmente ampliato prima con la legge n. 296 del 1993 e di recente con la legge 12 giugno 2003 n. 134.

Secondo la normativa vigente il giudice quando ritiene di dovere determinare la pena detentiva entro il limite di sei mesi, può sostituirla con una qualsiasi delle sanzioni sostitutive; quando si tratti di una pena superiore a sei mesi, ma non superiore ad un anno può sostituirla con la semidetenzione o con la libertà controllata; mentre, quando ritenga di irrogare una pena superiore ad un anno e non superiore a due anni, ha a disposizione la sola misura della semidetenzione. Questi limiti si dilatano fino al triplo nelle ipotesi di reato continuato e di concorso di reati. Con questa recente riforma le sanzioni sostitutive hanno raggiunto una latitudine applicativa che le rende suscettibili di svolgere un ruolo tutt'altro che marginale nel concreto funzionamento del sistema sanzionatorio.

L'applicabilità delle sanzioni sostitutive è tuttavia esclusa per taluni reati, il cui elenco è contenuto nell'art. 60 della legge 689 del 1981. NOTA: A norma dell'art. 60 della legge 689 del 1981, le pene sostitutive non si applicano ai reati previsti dai seguenti articoli del c.p. 318, 319, 320, 321, 322,355 (se doloso), 371, 372, 373, 385, 391, 443, 444, 445, 452, 501, 501bis, 590, co.2 e 3 (se commessi con violazione delle norme sulla prevenzione degli infortuni o relative all'igiene del lavoro, e produttive di lesioni gravissime o dell'indebolimento di un senso o di un organo); 644; non si applicano, inoltre, a taluni reati ambientali e ari reati in materia di prevenzione infortuni e igiene del lavoro, in materia edilizia e in materia d'armi, munizioni ed esplosivi, puniti con pena detentiva non alternativa a quella pecuniaria.

Per quanto riguardava invece le esclusioni soggettive (art. 59 legge 689 del '81), le sanzioni sostitutive non possono essere applicate a coloro che siano stati già condannati, con una o più sentenze, complessivamente ad una pena superiore ai due anni di reclusione ed abbiamo commesso il reato nei cinque anni dalla condanna precedente; inoltre, se la pena detentiva è stata irrogata per un fatto commesso nell'ultimo decennio, essa non può essere sostituita: a)per coloro che siano stati condannati due volte per reati della stessa indole; b) per coloro nei cui confronti una pena sostitutiva precedentemente inflitta sia stata convertita in pena detentiva ovvero sia stato revocato il regime di semilibertà; c) infine per chi abbia commesso il reato durante il tempo in cui era sottoposto alla misura di sicurezza della libertà vigilata o alla misura di prevenzione della sorveglianza speciale.

La perdurante assenza di un appropriato collegamento sistematico ha determinato forti controversie in ordine ai rapporti fra sanzioni sostitutive e sospensione condizionale della pena ex. art. 163 c.p. Non solo si discute della sospendibilità delle sanzioni sostitutive, ammessa in giurisprudenza, ma giudicata incongrua da una parte della dottrina, NOTA in argomento, T. PADOVANI, sanzioni sostitutive e sospensione condizionale della pena, in scritti in memoria di Barillano, Milano, 1982, 390, ma la tendenziale sovrapposizione degli ambiti applicativi rende ancor più evidente il difetto di coordinamento. Il recente ampliamento degli spazi applicativi delle sanzioni sostitutive, unitamente alle modifiche dell'istituto della sospensione condizionale, potrebbe, tuttavia, attenuare (nell'attesa di una più compiuta riforma del sistema sanzionatori) gli effetti distorsivi che derivassero dalla maggiore ampiezza dell'ambito d'applicabilità della sospensione condizionale: il giudice in sostanza, avendo quasi sempre la possibilità di sospendere condizionalmente la pena nei casi in cui era possibile applicare la sanzione sostitutiva, poteva essere indotto, in ragione del contenuto sanzionatorio pressoché nullo della sospensione condizionale, a preferire quest'ultima anche quando eventualmente gli scopi specialpreventivi sarebbero meglio conseguiti con l'irrogazione di una sanzione sostitutiva.

L'esperienza applicativa dei prossimi anni dirà se l'intervento di riforma sarà valso ad invertire questa tendenza.

Contenuto e regime delle singole sanzioni sostitutive.

La semidetenzione, sanzione con cui il giudice può sostituire le pene detentive superiori nel minimo ad un anno, e non superiori nel massimo a due anni, comporta l'obbligo di trascorrere almeno dieci ore al giorno negli istituti di pena e una serie di limitazioni, quali il divieto di detenere a qualsiasi titolo armi ed esplosivi, la sospensione della patente di guida, il ritiro del passaporto e la sospensione della validità, ai fini dell'espatrio, d'altri documenti equipollenti, infine l'obbligo di conservare e presentare agli organi di polizia l'ordinanza contenente le limitazioni imposte.

Essa ha dunque un contenuto sanzionatorio alquanto consistente e fortemente analogo a quello che contrassegna la misura alternativa della semilibertà.

Inoltre, la Suprema Corte di Cassazione ha stabilito che al semidetenuto, come benefici previsti dall'ordinamento penitenziario, spettano gli stessi benefici del semilibero, e in pratica: la liberazione anticipata ex. art. 54 legge 354/75, la licenza ex. art. 52 della legge 354 del '75 e infine permessi ex. Art. 30 O.P. (Cfr. Cass. Pen. Sez.I° 18 novembre 1993; Cass. Pen. sez. I° 6 maggio 1994, n. 4964).

La Libertà controllata utilizzabile in alternativa alla semidetenzione, può sostituire le pene detentive superiori a sei mesi, ma non superiori ad un anno; essa comporta: il divieto di allontanarsi dal comune di residenza, se non previa autorizzazione per i soli motivi di studio, lavoro, famiglia o salute; l'obbligo di presentarsi almeno una volta al giorno negli uffici di P.S. o presso il comando dall'Arma dei Carabinieri territorialmente competente; nonché le ulteriori limitazioni previste per la semidetenzione con riguardo alle armi ed esplosivi, all'espatrio, ecc.

Le prescrizioni imposte, fermo restandone il contenuto minimo appena descritto, possono tuttavia essere modificate dal magistrato di sorveglianza, che ha la facoltà di adattarle alla concreta situazione del condannato.

La Pena pecuniaria può sostituire le pene detentive non superiori a sei mesi. La citata legge 134 del 2003 ha profondamente innovato il meccanismo per la determinazione della pena sostitutiva da applicare, adottando per la prima volta nel nostro ordinamento il modello dei tassi giornalieri, assai diffusi negli ordinamenti europei: nell'operare la sostituzione il giudice, tenendo conto della condizione economica complessiva dell'imputato e del suo nucleo familiare, determina l'entità della quota giornaliera compresa tra un minimo di 38 euro ed un massimo di 380 euro, che viene poi moltiplicata per il numero dei giorni di pena detentiva da sostituire.

Un giorno di detenzione equivale rispettivamente ad un giorno di semidetenzione e a due giorni di libertà controllata. Il giudice, cioè, nel sostituire la pena detentiva, irrogherà la semidetenzione per una durata uguale a quella della reclusione o dell'arresto, preventivamente determinata; la libertà controllata, per un tempo doppio rispetto alla durata della corrispondente pena detentiva sostitutiva.

L'inosservanza delle prescrizioni imposte al condannato ha come conseguenza la conversione della restante parte di pena sostitutiva nella pena detentiva sostitutiva, secondo i criteri di ragguaglio sopra indicati ex. art. 66 legge 689 del '81. Lo stesso effetto produce la revoca della pena sostitutiva, che accade in due casi: 1) quando sopraggiunge una delle condanne, per fatti commessi anteriormente alla sostituzione della pena, che avrebbero impedito l'applicazione della pena sostituita; 2) quando sopraggiunge la condanna ad una pena detentiva, per un fatto commesso successivamente all'irrogazione della pena sostitutiva.

Le sanzioni sostitutive delle pene detentive brevi si applicano sia d'ufficio, sia su richiesta dell'imputato.

L'originaria disciplina di questa seconda ipotesi, comunemente definitiva "patteggiamento", determinava l'estinzione del reato. Gli artt. 77, 78, 79 e 80 della legge 689 dell'81 sono stati, però, espressamente abrogati dall'art. 234 delle disposizioni d'attuazione e coordinamento del nuovo codice di procedura penale; restando in tal modo l'originaria disciplina del "patteggiamento" assorbita nell'istituto della "applicazione della pena su richiesta delle parti".

L'art. 444 del vigente c.p.p. (così come modificato dall'art. 1 della legge 12 giugno 2003, n. 134) prevede, infatti, che l'imputato e il P.M. possano chiedere al giudice l'applicazione, nella specie e nella misura indicate, di una sanzione sostitutiva o di una pena pecuniaria, diminuita fino ad un terzo, in altre parole di una pena detentiva, quando questa, tenuto conto delle circostanze e diminuita fino ad un terzo, non superi cinque anni soli o congiunti a pena pecuniaria.

I criteri per la determinazione e commisurazione giudiziale della pena ex. art. 133 c.p.

Nell'ambito dei limiti edittalmente stabiliti, il giudice perviene alla determinazione finale della pena da infliggere in concreto, attraverso l'esercizio di un potere che per definizione legislativa (art. 132, co 1) è "discrezionale ".

Egli si orienta, cioè, sia nella scelta della specie di pena - quando la legge consente quest'alternativa-, sia nella fissazione della quantità della pena, tra i limiti minimi e massimi, senza altro vincolo che quello di "tener conto" (art. 133 c.p.) di taluni elementi di giudizio indicati dalla legge.

L'assegnazione di un tale spazio di discrezionalità al giudice è ovviamente inevitabile, data l'impossibilità per il legislatore di predeterminare in astratto le infinite dimensioni di valore del singolo episodio criminoso; la delega al giudice è d'altra parte necessaria, se il trattamento penale fin dal momento della determinazione concreta della pena vuol essere sufficientemente individualizzato. La Corte Costituzionale ha affermato il principio della "tendenziale" illegittimità delle pene fisse, come violazione del principio d'uguaglianza, di quello di personalità della responsabilità penale e del finalismo rieducativo della pena (Cfr. Corte Costituzionale sentenza n. 50 del 1980). In argomento F. BRICOLA, La discrezionalità, cit. 465 ss. E. DOLCINI, Note sui profili costituzionali della commisurazione della pena, cit. 345 ss.

L'art. 133 c.p. nei due commi di cui si compone, accorpa gli indici di determinazione della pena, riferendoli rispettivamente al dato della "gravità del reato" (1°co.) e a quello della " capacità a delinquere del colpevole" (2 co.).

La gravità del reato è desunta, sempre a norma dell'art. 133 c.p. Dalla natura, dalla specie, dai mezzi, dall'oggetto, dal tempo, dal luogo e da ogni altra modalità dell'azione;

Dalla gravità del danno o del pericolo cagionato alla persona offesa dal reato; Dall'intensità del dolo o dal grado della colpa. La capacità a delinquere è desunta:

Dai motivi a delinquere e dal carattere del reo;

Dai precedenti penali e giudiziari e in genere dalla condotta e dalla vita del reo, antecedente al reato;

Dalla condotta contemporanea o susseguente al reato;

Dalle condizioni di vita individuale, familiare e sociale del reo.

La dottrina è sostanzialmente concorde nel prendere atto della scarsa praticabilità dell'art. 133 c.p. derivante dalla circostanza che alla ricca e puntuale indicazione degli indici di commisurazione, non fa riscontro alcun'indicazione in ordine ai criteri d'ordine finalistico, cui dovrebbe poi essere orientata la commisurazione della pena. E' evidente, infatti, che il riferimento ad uno stesso indice di commisurazione può condurre ad esiti anche assai diversificati, a seconda che lo si utilizzi per determinare il quantum di colpevolezza del reo (in chiave per intendersi retribuzionistica), ovvero in una rigorosa prospettiva di prevenzione speciale.

L'orientamento largamente diffuso in giurisprudenza di raggruppare le esigenze "retribuzionistiche" intorno al parametro della "gravità del reato " e quelle specialpreventive intorno ai coefficienti della "capacità a delinquere", pur trovando un evidente fondamento nell'interpretazione logica-sistematica dell'art. 133, non risolve certo il problema.

Ciò che è decisivo, infatti, è stabilire la gerarchia dei fini ai quali indirizzare il momento della commisurazione, gerarchia che non è dato ricavare dall'art. 133, le cui indicazioni sono per lo più tradotte in "formulate pigre" che tradiscono appunto il "vuoto di fini" che ne contrassegna il contenuto e rischiano di sfociare nel puro arbitrio giudiziale.

La dottrina recente cerca di uscire dall'empasse, sviluppando una sistematica dei criteri di commisurazione della pena e ancorandola alle relative indicazioni costituzionali.

Viene così a stabilirsi, in primo luogo, una gerarchia tra i criteri di commisurazione della pena, che pone in via preliminare l'esigenza di determinare le finalità che s'intendono perseguire mediante l'irrogazione della pena; solo poi, e subordinatamente a quelle, il giudice potrà coerentemente determinare il peso che assumono i diversi indici fattuali a cui commisurare l'entità della pena.

La lettura costituzionalmente orientata dei criteri di commisurazione della pena, dal conto suo, impone di fare riferimento alle fondamentali enunciazioni dell'art. 27 della Costituzione, che da un lato esigono di attribuire alla misura della colpevolezza del soggetto il ruolo di un criterio-guida ai fini della commisurazione della pena; dall'altro affermano, in modo del tutto univoco, la finalità "rieducativa" (= risocializzante) della pena.

La dottrina ha tratto da questa puntualizzazione alcune implicazioni assai degne di nota: ad esempio, quella che gli indici di commisurazione costituiti dalla "intensità del dolo" e dal "grado della colpa" siano da considerare prevalenti rispetto ai dati corrispondenti della "gravità del danno o del pericolo cagionato alla persona offesa" che pertanto non potranno dar luogo ad una pena che ecceda il grado della colpevolezza E. DOLCINI, Note, cit. 360 ss.

Allo stesso modo, in conformità ad una lettura costituzionale dei criteri di commisurazione della pena, dovrà escludersi la prevalenza, in questa fase, di finalità di carattere generalpreventivo, che esalterebbero il ruolo di "capro espiatorio" del singolo delinquente: come avverrebbe, ad esempio, nel caso in cui si tendesse ad irrogare pene c.d. esemplari, che condurrebbero ad infliggere una pena eccedente la colpevolezza del soggetto, allo scopo di scoraggiare la commissione di fatti analoghi da parte di terzi, in sostanziale contrasto con il divieto di responsabilità per fatto altrui. F. BRICOLA, la discrezionalità, cit. 89; E. DOLCINI, La commisurazione della pena, cit. 167.

Il principio costituzionale perciò le pene devono tendere alla rieducazione del condannato, ulteriormente ribadito, da ultimo, dalla già citata sentenza della Corte Costituzionale n. 313 del

1990, la cui importanza, in quanto enunciativa di una teoria della pena, per così dire, "ufficiale", è sottolineata nel recente analitico studio di L. MONACO- C. E. PALIERO, Variazioni in tema di "crisi della sanzione", cit. 421 ss. si riverbera essenzialmente sul secondo comma dell'art. 133 c.p. imponendo una rilettura degli indici collegati al parametro della "capacità a delinquere" che privilegi gli scopi di prevenzione speciale in chiave appunto di recupero e di risocializzazione. Ciò significa che quel giudizio dovrà essere utilizzato, nella scelta e nel dosaggio della pena, essenzialmente in funzione del reinserimento sociale del condannato.

La combinazione delle direttive costituzionali in materia di pena sfocia, così, in un criterio di commisurazione che assegna alla misura della colpevolezza, l'ufficio di fissare una sorta di "tetto" non superabile nell'irrogazione della pena; alle finalità di recupero sociale, l'efficacia di indurre a determinare la pena in una misura inferiore al limite segnato dalla colpevolezza, ogni qualvolta l'inflizione di una pena meno elevata appaia conforme allo scopo di facilitare il processo di risocializzazione del condannato o, almeno, di scongiurarne la (ulteriore) desocializzazione e/o depersonalizzazione. Per quest'impostazione, accolta da autorevole manualistica (G. FIANDACA – E. MUSCO, Dir. Pen. cit., 738; T. PADOVANI, Dir.Pen., cit., 392), cfr. In particolare, E. DOLCINI, Note, cit. 370 ss. La commisurazione, cit. 48 ss.

Una volta precisata la gerarchia dei fini nella determinazione e commisurazione della pena, restano, tuttavia, da passare in rassegna i diversi indici menzionati dall'art. 133, per stabilire referenti e significati delle relative locuzioni normative.

a) Art. 133, co.1. Nella prima parte dell'art. 133 si riflettono gli indici di "gravità del reato", che attengono alla fattispecie esecutiva di esso, sia sotto il profilo della condotta del reo, che sotto il profilo dell'evento, nonché quelli attinenti all'elemento psicologico del fatto.

Luogo, le modalità dell'azione (art. 133, co.1, n. 1) esprimono l'insieme dei dati a cui si commisura il disvalore d'azione del fatto, considerato nel suo versante oggettivo; questa valutazione, appare integrata da un puntuale riferimento al disvalore d'evento del fatto, riflesso nel dato costituito dalla "gravità del danno o del pericolo cagionato alla persona offesa" (art. 133, co. 1, n. 2).

Sul versante soggettivo vengono in considerazione "l'intensità del dolo" e "il grado della colpa" (art. 133 co.1, n. 3). L'una si definisce in funzione della forma che il dolo assume, e si può di regola considerare progressivamente decrescente dal dolo intenzionale alle diverse specie del dolo diretto. Il grado della colpa a sua volta risulterà, in termini per così dire oggettivi, dalla misura di divergenza fra la condotta effettivamente tenuta e quella corrispondente all'obbligo di diligenza; dal punto di vista della sua misura soggettiva, dal livello d'esigibilità della condotta rispettosa dell'obbligo di diligenza.

b) Art. 133, co.2. Secondo l'opinione comune questa disposizione estende l'apprezzamento giudiziale dal fatto alla personalità del colpevole, valutando i diversi indici in cui la capacità a delinquere si riflette, come altrettanti fattori del giudizio di colpevolezza. Si è osservato, peraltro, che le due concezioni non sono da considerarsi come rigidamente alternative, nel senso che i diversi coefficienti delle capacità a delinquere possono ben essere valutati una seconda volta in funzione delle esigenze di prevenzione speciale, assegnando a ciascuna delle prospettive la funzione di commisurazione che le è propria.

Gli elementi di cui il giudice dovrà tenere conto nella valutazione della "capacità a delinquere" sono:

1) i motivi a delinquere: vale a dire gli impulsi, le motivazioni, i sentimenti ecc. che hanno spinto il reo ad agire (gelosia, cupidigia, paura, appetiti sessuali, ecc.), suscettibili di essere apprezzati in termini d'intensità, persistenza, valore etico-sociale, ecc.

2) il carattere del reo, in altre parole gli aspetti strutturali della sua personalità, che possono variamente collegarsi ai fattori endogeni ed esogeni che hanno contribuito a costituirla, svolgendo così un ruolo, senz'altro rilevante nel giudizio, sia diagnostico sia prognostico della capacità criminale del soggetto;

3) i precedenti penali e giudiziari e in genere la condotta e la vita anteatta del reo: precedenti penali sono le condanne

anteriormente riportate dal soggetto; i precedenti giudiziari sono dati dai procedimenti attualmente pendenti, dall'eventuale sottoposizione a misura di prevenzione, da provvedimenti d'interdizione o inabilitazione, denunce, dichiarazioni di fallimento, ecc. la vita anteatta viene in considerazione in tutti gli aspetti che possono risultare significativi in termini di "capacità a delinquere": uso di droghe, rendimento scolastico, rifiuto d'attività lavorative, ecc.

4) la condotta antecedente, contemporanea e susseguente al reato, il cui significato è data dalla coincidenza o prossimità temporale con il fatto commesso, o da più specifiche connessioni con esso: si pensi al valore del pentimento, ad un atteggiamento processuale leale, ecc.

5) le condizioni di vita individuale, familiare e sociale del reo: si tratta qui di valutare l'incidenza dei fattori socio-ambientali nel processo crimino-genetico, ancora una volta sotto il duplice profilo del giudizio sul grado della colpevolezza e delle esigenze del trattamento penale dal punto di vista special-preventivo.

La commisurazione della pena pecuniaria

A norma dell'art. 133 bis c.p. nella quantificazione della pena pecuniaria, il giudice deve tener conto, oltre che dei criteri indicati nell'art. 133 c.p. "anche delle condizioni economiche del reo". Questa integrazione dei criteri dei commisurazione della pena, introdotta dall'art. 100 della legge 689 del 1981, tende a perseguire l'eguaglianza di fatto fra i condannati, tenuto conto che un uguale ammontare di pena pecuniaria colpisce evidentemente in modo diseguale soggetti che abbiano differenti disponibilità economiche.

L'enunciazione di questo criterio (aggiuntivo rispetto a quelli contenuti nell'art. 133) è integrata da una ulteriore disposizione, contenuta nel capoverso dell'art. 133 bis, che faculta il giudice ad aumentare o rispettivamente diminuire la pena fino al triplo di quella stabilita dalla legge, "quando, per le condizioni economiche del reo, ritenga che la misura massima sia inefficace ovvero che la misura minima sia eccessivamente gravosa". In virtù di quest'ultima disposizione il giudice può dunque oltrepassare, verso l'alto o verso il basso, gli stessi limiti edittali, in considerazione delle condizioni economiche del condannato.

La dottrina ritiene che l'art. 133 bis, nel suo insieme, pecchi per approssimazione e per incertezza dei criteri.

Si lamenta, in particolare, che il legislatore non abbia compiuto l'ulteriore passo che lo divideva dal sistema c.d. dei tassi giornalieri, adottato in altri ordinamenti e introdotto anche nel nostro ordinamento limitatamente all'esecuzione della pena pecuniaria 'sostitutiva' della pena detentiva breve.

Questo meccanismo prevede dapprima la determinazione del numero dei tassi giornalieri di pena pecuniaria da infliggere, secondo i criteri generali di commisurazione della pena, e solo in un secondo momento comporta la determinazione della entità dei singoli tassi, alla stregua delle condizioni economiche individuali.

Si rileva inoltre che il legislatore non ha neppure indicato i coefficienti a cui riferirsi per stabilire le "condizioni economiche" del reo, lasciando così perdurare risalenti incertezze sull'incidenza rispettiva del reddito e della consistenza complessiva del patrimonio del soggetto.

Si concorda ad ogni modo nel ritenere che, di là dalle insufficienze normative, si tratta comunque di valutazioni oggettivamente non facili, rese ancor più precarie e inattendibili dalla ben nota inefficienza del nostro sistema fiscale.

Il potere discrezionale del giudice nell'applicazione delle pene sostitutive.

La facoltà di sostituire, nel momento della pronuncia giudiziale, le pene detentive brevi con le sanzioni sostitutive introdotte dalla legge n. 689 del 1981, ha evidentemente arricchito d'ulteriori possibilità l'esercizio del potere discrezionale attribuito al giudice dall'art. 132 c.p. Il giudice, infatti, "nei limiti fissati dalla legge e tenuto conto dei criteri indicati nell'art. 133 c.p." (Cfr. art. 58 della legge 689 del 1981), dopo aver determinato la misura della pena detentiva da applicare, dovrà compiere una ulteriore valutazione: dovrà cioè stabilire se sussistano i presupposti per applicare, in luogo di quella, una sanzione sostitutiva.

Nell'ipotesi affermativa i suoi poteri discrezionali saranno praticamente inesistenti, quando si tratti di pene detentive superiori ad un anno (essendo in tal caso applicabile la sola misura della semidetenzione); per le pene di durata inferiore la sua discrezionalità sarà, invece, maggiore: in particolare per quanto attiene alle pene detentive fino a sei mesi, per la cui eventuale sostituzione avrà a disposizione tutti e tre tipi di sanzioni sostitutive.

In ogni caso si tratterà di una decisione sull'an e sul quomodo della sanzione, ma non sul quantum di essa, che è la risultante di criteri di ragguaglio normativamente predeterminati.

Quando al criterio a cui il giudice dovrà attenersi nello stabilire se far luogo o meno alla sostituzione della pena detentiva con un sanzione sostitutiva, esso dovrebbe imperniarsi su un esame degli indici forniti dall'art. 133 c.p. diretto, però, questa volta, essenzialmente a stabilire l'entità del pregiudizio che la personalità del condannato potrebbe risentire a seguito dell'applicazione di una pena detentiva. Si osserva giustamente che, attesi i limiti "esterni" imposti dalla normativa sulle pene sostitutive, in realtà la sostituzione dovrebbe rappresentare la regola. Cfr. C. E. PALIERO, in: DOLCINI e altri AA. Commentario, cit., sub art. 58, 304 ss.

Nelle ipotesi in cui ha facoltà di determinare il tipo di sanzione sostitutiva da applicare, il giudice, a norma dell'art. 58 co.1 della Legge 689 del '81, dovrà scegliere "quella più idonea al reinserimento sociale del condannato".

Va da sé, per quanto ripetutamente rilevato, che il giudice potrà al più valutare quale sanzione sostitutiva, ferme restando le sue potenzialità specialpreventive in termini d'ammonimento-intimidazione, risulti non desocializzante (o non desocializzante) per il condannato.

Il potere di disporre la sostituzione incontra tuttavia un limite nel co. 2 dello stesso art. 58, il quale stabilisce che il giudice non può disporre la sostituzione "quando presume che le prescrizioni non saranno adempiute dal condannato". Il co. 3

dell'art. 58 richiede, infine, che il giudice indichi specificatamente i motivi che giustificano la scelta del tipo di pena irrogata.

L' ESECUZIONE DELLE PENE

Diritto penale e diritto dell'esecuzione penale.

Salva l'efficacia di cause che n'escludano o ne sospendano l'esecuzione, all'inflizione giudiziale della pena segue di regola la sua esecuzione.

La cultura giuridica di derivazione classica, di stampo retributivo, era connotata da un sostanziale disinteresse per questa fase dell'attuazione del diritto penale, quasi esclusivamente delegata all'amministrazione penitenziaria e oggetto di discipline che il giurista classico considerava altro dal diritto penale, al più "ausiliarie" di quello, in qualche modo "minori".

L'affermazione di un principio formale di "equivalenza" fra reato e pena induce la scienza penalistica a concentrare ed esaurire il suo interesse nella determinazione della "giusta misura"della pena, mentre del tutto insignificante è l'interesse che è portato ai mezzi mediante i quali si opera, circa a lungo, sul condannato. Su quest'atteggiamento intellettuale e spirituale del penalista fin de siècle, si vedano gli insuperati rilievi d'E.B. PASUKANIS, La teoria generale del diritto e il maxismo, in: Teorie sovietiche, Milano 1964, 323 ss. che resta oggetto di riflessione solo da parte di un ristretto gruppo di cultori di scienze penitenziare.

La dottrina contemporanea del diritto penale ha da tempo preso le distanze da quest'atteggiamento, collocandosi anzi al suo antipodo.

Anche nella dottrina italiana l'adozione di una prospettiva teleologico-costituzionale nell'approccio al tema della pena ha indotto, sia pure con un certo ritardo, un più vivo interesse per i problemi dell'esecuzione, che è poi la fase in cui dovrebbero concretarsi gli scopi della sanzione penale; anche se, per la mancanza di strumenti d'indagine e di un'adeguata attrezzatura culturale, si è ben lontani da una consapevolezza metodologica generalizzata.

Dal punto di vista normativo, in ogni modo, il diritto penale dell'esecuzione rappresenta un'autonoma branca del diritto penale generale. Il suo principale referente legislativo è costituito dal vigente ordinamento penitenziario legge n. 354 del 1975 e il relativo Regolamento d'Esecuzione approvato con D.P.R. n. 230 del 2000, che disciplina l'esecuzione delle pene detentive.

L'esecuzione delle pene detentive.

L'ordinamento penitenziario del 1975 innovò profondamente la disciplina dell'esecuzione della pena detentiva, inserendola nella prospettiva rieducativo-risocializzante imposta dalla Costituzione. Questa prospettiva fa perno sull'idea del trattamento, che si avvale sia di strumenti tradizionali, già presenti nel vecchio ordinamento (come l'istruzione, il lavoro, la religione), sia di strumenti nuovi, e, soprattutto, n'enuncia la finalizzazione al reinserimento sociale dei detenuti, anche mediante l'agevolazione dei contatti con l'ambiente esterno agli istituti e con le famiglie (artt. 1, 15, legge 354 /75).

Il trattamento deve, in primis, essere individualizzato: deve rispondere in altre parole "ai particolari bisogni della personalità di ciascun soggetto" (art. 13, co.1, legge 354 del '75, e art. 27 del D.P.R. n. 230 del 2000), determinati attraverso la classificazione dei detenuti e l'osservazione scientifica della loro personalità.

Secondo pacifica giurisprudenza, l'osservazione della personalità del condannato, costituente presupposto per l'affidamento in prova al servizio sociale, malgrado sia qualificata "scientifica" dalla legge, non deve necessariamente consistere in un approccio sempre sostenuto dall'uso di specifici strumenti tecnici, potendo invece attuarsi (in conformità delle più moderne teorie psicologiche e criminologiche) sulla base di schemi liberi, che diano opportuno rilievo alle possibilità cognitive od interpretative della personalità del condannato. (Cfr. Cass. Pen. Sez. I, 12 luglio 1979, n. 477; Cass. Pen. Sez. I, 4 aprile 1981, n.

335).

Il vigente ordinamento penitenziario configura diversi istituti che incidono sul carattere segregante dell'istituzione penitenziaria, dal lavoro all'esterno (art. 21 legge 354 '75), fino ai permessi premio (art. 30 ter, legge 354 del '75).

I permessi premio, ciascuno di durata non superiore a quindici giorni, possono essere concessi ai condannati che abbiano tenuto "regolare condotta": ai sensi del comma 8 dell'art. 30ter della legge n. 354 del '75 la condotta dei condannati si considera "regolare" quando i soggetti, durante la detenzione, "hanno manifestato costante senso di responsabilità e correttezza nel comportamento personale, nelle attività organizzate negli istituti e nelle eventuali attività lavorative e culturali".

Fin dall'inizio dell'esecuzione, o nel corso di essa, il trattamento può assumere aspetti diversi rispetto all'ordinario regime penitenziario: lo stesso regime di detenzione carceraria può essere sostituito dall'affidamento in prova al servizio sociale, ovvero modificarsi in detenzione domiciliare e in regime di semilibertà; o, addirittura, cessare prima della scadenza della pena inflitta dal giudice (liberazione anticipata ex. art. 54 legge n. 354 del '75 e art. 103 regolamento d'esecuzione approvato con D.P.R. n. 230 del 2000), oppure anticipare l'uscita dall'istituto per concessione della libertà condizionale ex. art. 176 del c.p.

Non si può non rilevare che a questa normativa faccia, tuttavia, da pendant quella contenuta negli artt. 4bis, 14bis e ss. e dall'art. 41bis della stessa legge n. 354 '75, che stabiliscono particolari restrizioni al regime penitenziario ordinario e allo stesso esercizio di taluni diritti dei detenuti.

In particolare l'art. 4 bis prevede un divieto di concessione dei benefici penitenziari, comprese le misure alternative diverse dalla liberazione condizionale, ai detenuti e internati per reati di criminalità organizzata o terrorismo, nonché per altri gravi delitti, salvo che non si tratti di soggetti che hanno assunto lo status di 'collaboratori di giustizia' (i c.d. pentiti), ovvero risulti comunque accertata l'attuale assenza di pericolosità o infine una loro utile collaborazione non sia configurabile per varie possibili ragioni.

L'art. 14bis prevede, invece, la sottoposizione al regime di sorveglianza speciale per un periodo non superiore a sei mesi, prorogabile anche più volte per non più di tre mesi, a carico di quei detenuti che compromettano la sicurezza o turbino l'ordine degli istituti, o impediscano con violenza o minaccia l'attività degli altri detenuti o si avvalgano, nella vita penitenziaria, dello stato di soggezione degli altri detenuti nei loro confronti.

Il comma 2 dell'art. 41bis, infine, prevede la facoltà del Ministro della Giustizia, anche a richiesta del Ministero dell'Interno, "quando ricorrono gravi motivi d'ordine e di sicurezza pubblica", di sospendere in tutto o in parte l'applicazione delle regole di trattamento e degli istituti previsti dall'ordinamento penitenziario "che possono porsi in concreto contrasto con le esigenze d'ordine e sicurezza", nei confronti dei detenuti o internati per reati di mafia, terrorismo e per altri delitti di particolare gravità, indicati nel periodo del co. 1 dell'art. 4bis.

Nel linguaggio corrente e sulla stampa, si parla al riguardo di "carcere duro". Il 2° comma dell'art. 41bis è stato introdotto nell'ordinamento penitenziario dall'art. 19 del d.l. 8 giugno 1992 n. 306 che l'art. 29 dello stesso d.l. qualifica norma temporanea, destinata a cessare di aver effetto dopo tre anni dall'entrata in vigore della legge di conversione. In realtà, dopo essere stata costantemente prorogata, la norma è stata resa definitiva con la legge 23 dicembre 2002, n. 279.

Come si vede, anche a seguito delle incessanti modifiche che hanno segnato l'evoluzione legislativa in materia, non è azzardato parlare di un regime penitenziario che si avvia a divenire stabilmente differenziato, sulle diverse categorie di detenuti, né si possono ignorare i benefici e le misure, in parte tuttora in fieri, che concernono il trattamento dei c.d. collaboratori di giustizia, ivi comprese forme d'espiazione extracarceraria della pena, oltre a misure di varia natura, dirette alla protezione di tali soggetti e dei loro familiari, definite non soltanto sulla base dei comportamenti individuali, ma anche con riguardo al tipo di reato perciò vi è stata condanna. Per quest'ultima serie di casi non si può non riconoscere il prevalere d'esigenze di prevenzione generale nel concreto conformarsi del trattamento penitenziario.

L'esecuzione della pena detentiva si svolge sotto la vigilanza e il controllo del Magistrato di sorveglianza e del Tribunale di Sorveglianza, secondo le attribuzioni rispettivamente stabilite dall'art. 69 e dell'art. 70 della legge n. 354 del 1975. Con la definizione delle competenze e dei poteri dei predetti organi si può dire completato, pur nel rispetto delle attribuzioni spettanti all'Amministrazione penitenziaria, il processo di giurisdizionalizzazione dell'esecuzione, in ogni aspetto e fase.

Una rilevante e certo problematica eccezione è, tuttavia, rappresentata proprio dalla citata ipotesi di cui all'art. 41bis in quanto la decisione sull'applicazione del regime di "carcere duro" appartiene alla competenza dell'organo politico di vertice dell'Amministrazione giudiziaria, vale a dire al Ministro della Giustizia. La magistratura di sorveglianza interviene, infatti, solo ex post, nel caso sia presentato reclamo contro il provvedimento applicativo (art. 41bis co.2 quinques e 2 sexies).

Con la legge n. 279 del 2002 sono stati introdotti novità riguardanti la durata della misura non inferiore ad un anno e non superiore a due, tali provvedimenti sono prorogabili nelle stesse forme per periodi successivi, ciascuno pari ad un anno, purché non risulti che la capacità del detenuto di mantenere contatti con associazioni criminali, terroristiche o eversive, sia venuto meno. Inoltre, se anche prima della scadenza risultano venute meno le condizioni che hanno determinato l'adozione o la proroga del provvedimento, il Ministro della Giustizia procede anche d'ufficio alla revoca con decreto motivato.

Il provvedimento, che non accoglie l'istanza presentata dal detenuto o dal difensore, è reclamabile ai sensi e per gli effetti dei commi 2 quinquies e 2 sexies. In caso di mancata adozione del provvedimento a seguito d'istanza del detenuto o del difensore la stessa s'intende non accolta, decorsi trenta giorni dalla sua presentazione.

L'art. 41bis comma 2 dell'ordinamento penitenziario e successive modificazioni, là dove consente al Ministro della Giustizia di sospendere nei confronti dei detenuti per taluno dei reati di criminalità organizzata, l'applicazione degli istituti dell'ordinamento penitenziario che possano porsi in concreto contrasto con esigenze d'ordine e sicurezza apparentemente generiche, non va interpretato, secondo i Valenti Giuristi della Corte Costituzionale e della Suprema Corte di Cassazione, nel senso di individuare una particolare categoria di detenuti identificati per il semplice titolo di reato, ma richiede che il regime differenziato, comunque controllabile in sede giurisdizionale, sia fondato su un effettivo e motivato pericolo di una concreta permanenza di collegamenti fra il detenuto e gli aderenti all'organizzazione ancora in libertà e si articoli sulle sole misure adeguate a realizzare le specifiche finalità d'ordine e sicurezza indicate, attraverso la soppressione o la riduzione delle opportunità di contatto favorite dal normale regime carcerario.

Al riguardo la Suprema Corte di Cassazione ha ulteriormente precisato quanto segue:

< In tema di sospensione delle regole del trattamento penitenziario, il sindacato incidentale di legittimità consiste essenzialmente nell'accertare – caso per caso, senza aprioristiche generalizzazioni e sulla base dei dati indicati nella motivazione del decreto ministeriale – se tale provvedimento sia stato adottato in presenza dei presupposti tassativamente fissati dalla legge e per la peculiare finalità dalla stessa individuata, nel senso che il giudice è chiamato a verificare se il potere autoritativo di indurre deroghe al comune regime carcerario e di affievolire il diritto al normale trattamento, sia stato esercitato dall'amministrazione con riferimento allo scopo tipizzato dall'art. 41bis, comma 2 legge n. 354 del '75, in modo che la maggiore afflittività dell'esecuzione della detenzione trovi giustificazione nella motivazione dello stesso provvedimento riguardante sia l'accertata necessità di salvaguardia delle esigenze d'ordine e di sicurezza, sia la qualificata capacità criminale del detenuto (Cfr. Cass. Pen. Sez. I, 1996, n. 563)>.

La sospensione delle regole di trattamento dell'istituto può comportare:

L'adozione di misure d'elevata sicurezza interna ed esterna, con riguardo principalmente alla necessità di prevenire contatti con l'organizzazione criminale d'appartenenza o d'attuale riferimento, contrasti con elementi d'organizzazioni contrapposte, interazione con altri detenuti o internati appartenenti alla medesima organizzazione ovvero ad altre ad essa alleate;

La determinazione dei colloqui in numero non inferiore ad uno e non superiore a due al mese da svolgersi ad intervalli di tempo regolari ed in locali attrezzati in modo da impedire il passaggio d'oggetti. In particolare, in materia di colloqui, del tutto immotivata appare la limitazione ad un solo colloquio mensile, nonostante il comma 2 quater dell'art. 41bis preveda la possibilità di due colloqui mensili, e la limitazione delle comunicazioni telefoniche con i familiari o ricezione dell'esterno di pacchi o permanenza all'aria aperta, ove ritenute irrilevanti ai fini della tutela dell'ordine e della sicurezza pubblica e contrastanti con i diritti fondamentali del detenuto ed in generale dell'uomo (ex. plurimis Cfr. Cass. Pen. Sez. I° 1997, n. 7226). <Atteso l'orientamento espresso dalla Corte Costituzionale con la sentenza n. 351 del 1996, secondo cui, in caso di reclamo proposto avverso il decreto ministeriale d'applicazione del regime di cui all'art. 41bis, dell'ordinamento penitenziario, il Tribunale di Sorveglianza non eserciterebbe nei confronti del detto provvedimento una giurisdizione d'impugnazione dell'atto, ma si limiterebbe a pronunciarsi sui diritti e sul trattamento del detenuto sulla base delle norme legislative e regolamenti applicabili, con conseguente pienezza del sindacato giurisdizionale anche sulle singole misure restrittive, onde verificarne la compatibilità con i principi d'individualizzazione e di proporzionalità di cui agli artt. 3, 27 comma 1 e 1 della Costituzione, deve ritenersi che legittimamente il detto Tribunale di Sorveglianza dichiari l'inefficacia di limitazioni dell'ordinario regime penitenziario in materia di colloqui con i familiari, di ricezione di pacchi dall'esterno e di permanenza all'aria aperta, in quanto reputate irrilevanti ai fini della tutela dell'ordine e della sicurezza ed al tempo stesso in manifesto contrasto con i diritti fondamentale dell'uomo carcerato>.

Sono vietati i colloqui con persone diverse dai familiari o conviventi, salvo casi eccezionali determinati volta per volta dal direttore dell'istituto ovvero, per gli imputati fino alla pronuncia della sentenza di primo grado, dall'Autorità Giudiziaria competente ex. art. 11 della Legge n. 354 del 1975, nonché come dispone l'art. 240 delle norme di attuazione del c.p.p.

I colloqui possono essere sottoposti a controllo auditivo ed a registrazione, previa autorizzazione dell'autorità giudiziaria competente; può essere autorizzato, con provvedimento motivato del direttore dell'istituto ovvero, per gli imputati fino alla pronuncia della sentenza di primo grado, dall'autorità giudiziaria competente, e sola dopo i primi sei mesi d'applicazione un colloquio telefonico mensile con i familiari e conviventi della durata massima di 10 minuti, sottoposto in ogni modo a registrazione.

Le disposizioni di cui sopra non si applicano ai colloqui con i difensori.

La limitazione delle somme di denaro, dei beni e degli oggetti che possono essere ricevuti dall'esterno;

L'esclusione dalle rappresentanze dei detenuti e degli internati;

La sottoposizione a visto censura della corrispondenza, salvo quella con i membri del Parlamento e con Autorità Europee o nazionali aventi competenza in materia di Giustizia;

La limitazione della permanenza all'aria aperta, che non può svolgersi in gruppi superiori a 5 persone, con una durata non superiore a 2 ore al giorno, fermo restando il limite di cui al primo comma dell'art. 10 dell'Ordinamento Penitenziario, ove stabilisce che ai soggetti che non prestano lavoro all'aperto è consentito di permanere almeno per due ore al giorno all'aria aperta. Tal periodo di tempo può essere ridotto a non meno di un'ora al giorno soltanto per motivi eccezionali.

I commi 2 quinques e 2 sexies conferiscono al Tribunale di Sorveglianza ampi poteri d'annullamento, revoca e integrazione. Infatti, il detenuto ovvero il suo difensore, possono proporre reclamo, presentato nei termini di 10 giorni dalla comunicazione del provvedimento, per la cui decisione è competente il Tribunale di Sorveglianza ex. art. 70 della legge n. 354 del '75, che ha giurisdizione sull'istituto penitenziario al quale il detenuto o l'internato è assegnato. Il reclamo non sospende l'esecuzione.

Il Tribunale di Sorveglianza, entro 10 giorni dal ricevimento del reclamo, decide in Camera di Consiglio, nelle forme previste dagli artt. 666 e 678 del c.p.p. sulla sussistenza dei presupposti per l'adozione del provvedimento e sulla congruità del contenuto dello stesso rispetto alle esigenze d'ordine e di sicurezza. Il

Procuratore Generale presso la Corte d'Appello, il detenuto o il difensore possono proporre, entro 10 giorni della sua comunicazione, ricorso per Cassazione avverso l'ordinanza del Tribunale di Sorveglianza per violazione di legge e negli altri casi previsti dall'art. 606 c.p.p.

Per i termini di 10 giorni entro i quali proporre reclamo al Tribunale di Sorveglianza o ricorso per Cassazione, una recente sentenza della Suprema Corte di Cassazione stabilisce: " il termine di 10 giorni ha natura meramente ordinatoria e pertanto la sua inosservanza non è causa d'inefficacia del provvedimento impugnato ", anche se il mancato rispetto di esso, reiterato e sistematico, ove si risolva nella sostanziale vanificazione del diritto dell'interessato ad un efficace sindacato giurisdizionale sulla misura, può integrare la violazione dell'art. 6 della convenzione europea dei diritti dell'uomo, adottata a Roma il 4 novembre 1950 e resa esecutiva con legge 4 agosto 1955, n. 848, che sancisce il diritto d'ogni persona ad un processo equo", (Cfr. Da ultime Cass. Pen. Sez. I°, 27 gennaio 2005, n. 2660; C.C. 10 gennaio 2005), Lombardo RV230553.

Il ricorso non sospende l'esecuzione del provvedimento e va trasmesso senza ritardo alla Corte di Cassazione. Qualora il reclamo sia stato accolto con la revoca della misura, il Ministro della Giustizia, ove intenda disporre un nuovo provvedimento ai sensi del comma 2, deve, tenendo conto della decisione del Tribunale di Sorveglianza, evidenziare elementi nuovi o non valutati in sede di reclamo. Con le medesime modalità, il Ministro deve procedere, ove il reclamo sia stato accolto parzialmente, per la parte accolta.

L'art. 41bis è stato più volte oggetto di vari interventi della Corte Costituzionale tra i quali una sentenza interpretativa di rigetto, la n. 349 del 1993, la quale ha precisato che il potere attribuito al Ministro è limitato alla sola sospensione di quelle medesime regole e istituti che già secondo l'ordinamento penitenziario appartengono alla competenza di ciascuna amministrazione penitenziaria e si riferiscono al regime di detenzione in senso stretto. Esulano invece dalla competenza ministeriale le c.d. misure extramurali, misure alternative alla detenzione, assegnazione al lavoro all'esterno, permessi e licenze, che incidono direttamente, e non già come mere modalità d'esecuzione, sulla libertà personale, garantita ex. art. 13 della Costituzione da una riserva giurisdizionale; inoltre gli stessi provvedimenti legittimamente adottabili dal giudice ordinario e non da quell'amministrativo: ciò in quanto vengono comunque presi in considerazione diritti soggettivi perfetti.

La Corte Costituzionale, con la sentenza, la n. 351 del 1996, è intervenuta ancora nella materia, statuendo che il sindacato giurisdizionale deve riguardare non solo la sussistenza dei presupposti per l'adozione del provvedimento, ma anche il rispetto dei limiti posti dalla legge e dalla Costituzione riguardo al contenuto di questo, con riguardo tanto all'eventuale lesione di situazioni non comprimibili, quanto alla congruità delle misure rispetto ai fini per i quali è previsto il regime derogatorio rispetto a quello ordinario; la compatibilità dei provvedimenti va verificata anche riguardo alle esigenze d'ordine e di sicurezza, che consentono di sospendere l'applicazione di regole e d'istituti, con la conseguenza che non possono disporsi misure che per il loro contenuto non siano riconducibili alla concreta esigenza di tutela dell'ordine o della sicurezza, o siano palesemente inidonee, tali da vanificare del tutto quella finalità rieducativa che deve, se pur in modo esclusivo, connotare la pena ai sensi dell'art. 27, comma 3 della Costituzione; né possono violare il divieto di trattamento contrario al senso d'umanità.

Le misure alternative alla detenzione.

Le misure alternative alla detenzione (art. 47 ss. della Legge n. 354 del 1975) costituiscono storicamente sia il precedente più immediato delle pene sostitutive, introdotte con la legge n. 689 del 1981, sia il terreno di sperimentazione in cui maturò quest'ultima e più significativa innovazione del sistema sanzionatorio. La differenza tra misure alternative e sanzioni sostitutive sta nel fatto che le prime costituiscono semplicemente una possibile modalità d'esecuzione (eventualmente in tutto o in parte extracarceraria) della pena detentiva e sono pertanto applicate non dal giudice della cognizione con la sentenza che definisce il processo, come le sanzioni sostitutive, ma dalla Magistratura di Sorveglianza.

Talune misure alternative possono applicarsi soltanto nel corso dell'esecuzione della pena, altre anche prima del suo inizio. In quest'ultimo caso l'applicazione della misura si ricollega evidentemente all'idea che la detenzione carceraria costituisca l'extrema ratio dell'esecuzione penale e che ad essa perciò debba farsi ricorso solo quando le esigenze della prevenzione speciale non possano essere altrimenti raggiunte. Quando la misura alternativa è applicata dopo che è iniziata l'esecuzione della pena in regime penitenziario, la sua adozione costituisce, invece, un riflesso del trattamento: nel senso che i risultati già conseguiti consentono ormai una modificazione delle modalità d'esecuzione, anche al di fuori del regime penitenziario (o, addirittura, autorizzano l'anticipata cessazione dell'esecuzione stessa).

Le misure alternative alla detenzione, previste dal vigente ordinamento penitenziario, sono: l'affidamento in prova al servizio sociale, la libertà condizionale, la detenzione domiciliare, la semilibertà.

L'affidamento in prova al servizio sociale. E' la più radicale delle misure alternative alla detenzione, perché in particolare, dopo le modifiche indotte dall'intervento della Corte Costituzionale, è idonea ad escludere del tutto l'esecuzione della pena in regime penitenziario. Di chiara derivazione, pur con le debite differenze, dall'istituto anglosassone della probation, considerato secondo una ormai celebre definizione il "fiore all'occhiello " della riforma penitenziaria del 1975, l'affidamento in prova può essere disposto nei confronti dei condannati a pena detentiva non superiore a quattro anni. Consiste nell'affidamento del condannato al servizio sociale, ora ufficio esecuzione penale esterna, per un periodo uguale a quello della pena da scontare, nei casi in cui si può ritenere che il provvedimento "contribuisca alla rieducazione del reo e assicuri la prevenzione del pericolo che egli commetta altri reati " (art. 47, legge n. 354 del 1975).

Nelle previsioni originarie dell'ordinamento penitenziario del

'75, l'ambito d'applicazione della misura era sensibilmente più ristretto: essa, infatti, esclusa per taluni reati, era limitata per i soggetti d'età superiore ad anni ventuno e inferiore ad anni settanta, alle pene non eccedenti i due anni e sei mesi, e, soprattutto, prevedeva un periodo minimo d'osservazione in istituto per almeno tre mesi, poi ridotti ad un mese a seguito dell'art. 4bis della legge 21 giugno 1985, n. 297. A seguito delle successive modifiche legislative, culminate nella sostituzione dell'intero testo dell'art. 47 con l'art. 96 e 97 del nuovo regolamento d'esecuzione approvato con D.P.R. n. 230 del 2000, e di ripetuti interventi della Corte Costituzionale, nella versione ora vigente, il limite di pena sostituibile con l'affidamento in prova è divenuto per tutti quello di tre anni, (con norma d'interpretazione autentica il legislatore ha dichiarato che il limite di tre anni "va interpretato nel senso che deve trattarsi della pena da espiare in concreto, tenuto conto anche dell'applicazione d'eventuali cause estintive", dunque anche della parte residua di pena superiore ai tre anni ex. art. 14bis legge 7 agosto 1992), sono inoltre venute meno le esclusioni oggettive dell'applicabilità della misura, originariamente previste dalla legge; tuttavia alcune limitazioni sono state in seguito introdotte, con riferimento ai delitti di criminalità organizzata comune e politica, a seguito d'interventi legislativi ulteriormente modificativi della legge n. 354 del 1975, vedasi art. 4bis e 58 quater della stessa legge n. 354 del '75.

E', inoltre, venuta meno la condizione della previa osservazione in istituto per un determinato periodo: condizione che, prima ridotta nella misura * (da tre mesi ad un mese) * e non più richiesta quando il condannato avesse trascorso un periodo di custodia cautelare seguito da un periodo di libertà valutabile positivamente, è stata poi dichiarata costituzionalmente illegittima con la sentenza n. 569 del 1989, con cui la Corte Costituzionale ha dichiarato illegittimo l'art. 47 comma 3 "nella parte in cui non prevede che il condannato possa essere ammesso al beneficio, quando non sia stato sottoposto ad alcun preventivo periodo di detenzione".

L'attuale formulazione della norma prevede che l'affidamento possa essere disposto "senza procedere all'osservazione in istituto", ma basandosi sulla valutazione del comportamento tenuto del condannato, dopo la commissione del reato.

Il Tribunale di sorveglianza determina le prescrizioni a cui l'affidato deve sottostare. Il servizio sociale controlla la condotta del soggetto e lo aiuta a superare le difficoltà d'adattamento alla vita sociale, anche mettendolo in relazione con la sua famiglia e con gli altri suoi ambienti di vita (art. 47, co. 9).

A norma dell'art. 47, comma 12, l'esito positivo del periodo di prova "estingue la pena e ogni altro effetto penale della condanna".

L'affidamento per contro è revocato, qualora il comportamento del soggetto "contrario alla legge o alle prescrizioni dettate, appaia incompatibile con la prosecuzione della prova"(art. 47, co. 11). La revoca si configurava originariamente come revoca ex tunc, con la conseguenza che l'affidato doveva scontare per intero la pena detentiva residua. Con la Sentenza della Corte Costituzionale n. 343 del 1987 la norma e stata dichiarata illegittima, nella parte in cui, in caso di revoca, non consenta al Tribunale di sorveglianza di determinare, sulla base delle limitazioni patite dal condannato e del suo comportamento durante il periodo dell'affidamento, la residua pena detentiva da espiare. In questo modo, nella configurazione dell'istituto, all'efficacia meramente sospensiva dell'esecuzione della pena detentiva (con effetto sostitutivo al termine della prova), si è aggiunta una (eventuale) efficacia estintiva della pena detentiva, anche nei casi di revoca.

L'esito positivo della prova non estingue peraltro né le pene accessorie né tanto meno le obbligazioni civili nascenti dal reato.

Forme particolari d'affidamento sono previste dall'art. 47 quater della legge n. 354 del 1975 (introdotto con l'art. 5, legge 12 luglio 1999, n. 231) per i soggetti affetti da AIDS conclamata o da grave insufficienza immunitaria, e dall'art. 94 D.P.R. n. 309 del 1990 (testo unico delle leggi in materia di stupefacenti) per i tossicodipendenti e gli alcoldipendenti; entrambe le ipotesi sono imperniate sulla richiesta di intraprendere o proseguire un'attività terapeutica da parte dell'affidato, sulla base di un programma concordato con una struttura sanitaria o, nel secondo caso, con una comunità terapeutica. In queste particolari ipotesi, tra le prescrizioni impartite dal Tribunale di sorveglianza, devono essere comprese quelle che determinano le modalità d'esecuzione del programma (art. 94 comma 4 del D.P.R. n. 309 del 1990).

La differenza più significativa tra le due forme d'affidamento speciali, giustificata dalla diversa natura delle ragioni che ne fondano la ratio, riguarda l'ambito d'applicazione della misura: mentre, infatti, l'affidamento di soggetti affetti da AIDS conclamato o da grave deficienza immunitaria si applica qualunque sia la durata della pena da scontare, per tossicodipendenti ed alcodipendenti è fissato un limite di pena di sei anni.

Inoltre con la legge n. 277 del 2002, all'affidato che abbia dato prova di partecipazione all'opera di rieducazione è concessa, quale riconoscimento di tale partecipazione, e ai fini del suo più efficace reinserimento, una detrazione di quarantacinque giorni per ogni singolo semestre di pena scontata, come beneficio di liberazione anticipata ex. art. 54 legge n. 345 del '75, con la novella legislativa del 2014 in via temporanea dal 1 gennaio 2010 al 24 dicembre 2015, sale da 45 a 75 giorni a semestre la detrazione di pena concessa con la liberazione anticipata. L'ulteriore sconto, che comunque non vale in caso di affidamento in prova e detenzione detenzione domiciliare, è tuttavia applicato in seguito a valutazione sulla meritevolezza del beneficio. Sono in ogni caso esclusi i condannati di mafia o per altri gravi delitti (come omicidio, violenza sessuale, rapina aggravata, estorsione).

La liberazione condizionale.

Proprio sulla presa d'atto di un'avvenuta risocializzazione del reo, appare fondato specie nell'attuale assetto legislativo, l'istituto della liberazione condizionale, noto già al codice del 1889 e recepito dal codice vigente nell'art. 176. L'art. 176 nel testo ora in vigore stabilisce: "Il condannato a pena detentiva che, durante il tempo d'esecuzione della pena, abbia tenuto un comportamento tale da far ritenere sicuro il suo ravvedimento, può essere ammesso alla liberazione condizionale, se ha scontato almeno trenta mesi e comunque almeno metà della pena inflittagli, qualora il rimanente della pena non superi i cinque anni". A norma dell'art. 176 comma 2, quando si tratti di recidivi reiterati o aggravati, la misura della pena già scontata deve essere di almeno quattro anni. Il condannato all'ergastolo può essere ammesso alla liberazione condizionale dopo ventisei anni di pena (art. 176, comma 3 c.p.). La concessione della liberazione condizionale è subordinata all'adempimento delle obbligazioni civili derivanti dal reato, se non il condannato non dimostri la sua impossibilità ad adempiere (art. 176, comma 4 c.p.).

Le condizioni generali per l'applicazione della liberazione condizionale sono dunque:

Che il condannato abbia scontato una parte della pena e che la pena residua non superi i cinque anni;

Che abbia tenuto un comportamento costituente sicuro indice di ravvedimento;

che abbia adempiuto le obbligazioni civili nascenti del reato (o che si trovi nell'impossibilità di adempiere).

Il requisito del sicuro ravvedimento del condannato esalta in modo evidente la funzione della pena come strumento di recupero sociale; sotto questo profilo il testo attuale dell'art. 176 del c.p. manca di un significativo distacco dalla formulazione previdente, che richiedeva la "buona condotta" del condannato.

La concessione della liberazione condizionale, oggi di competenza del Tribunale di sorveglianza ex art. 70 della legge n. 354 del 1975, ha come effetti immediati la scarcerazione del condannato, la sospensione dell'eventuale misura di sicurezza detentiva, l'applicazione della libertà vigilata assistita dal servizio sociale. Con il decorso del tempo della pena residua, o di cinque anni, se si tratta di condannati all'ergastolo, la liberazione condizionale determina la definitiva estinzione della pena e la revoca delle eventuali misure di sicurezza personali.

La liberazione condizionale non rientra fra le misure alternative alla detenzione cui si riferisce l'art. 4bis della legge 26 luglio 1975 n. 354, introdotto dall'art. 1 del D.L. 13 maggio 1991

n. 152 (convertito con modifica in legge 12 luglio 1991, n. 203), e poi modificato dall'art. 15 del D.L. 8 giugno 1992 n. 306 (convertito in legge 2 agosto 1992, n. 356). L'applicazione di detto istituto, pertanto, non è soggetta ai divieti e alle limitazioni di cui alle suindicate disposizioni normative (Cfr. Cass. Pen. Sez. I, 14 dicembre 1992, n. 4676).

L'innovazione, introdotta nella prima parte del primo comma dell'art. 4bis della legge n. 354 del 1975, nella qual è previsto il delitto d'associazione per delinquere finalizzato allo spaccio di sostanze stupefacenti dal D.L. n. 306 del 1992, convertito nella legge n. 356 del 1992, prevede che la collaborazione dei detenuti con la giustizia, a norma dell'art. 58 ter dell'ordinamento penitenziario, al fine di fruire dei benefici indicati nello stesso comma, possa anche meritare l'istituto della liberazione condizionale (Cfr. Cass. Pen. Sez. I°, 1 marzo 1993, 209).

Ai fini della concessione della liberazione condizionale alle persone condannate per associazione per delinquere finalizzata al traffico di stupefacenti, l'accertamento della collaborazione da parte del detenuto con l'autorità di polizia o con l'Autorità Giudiziaria nella raccolta d'elementi decisivi per la ricostruzione del fatto, deve essere condotto assumendo le necessarie informazioni e sentendo il P.M. presso il giudice competente per i reati sui quali è stata prestata la collaborazione medesima. Nella specie è stata censurata la decisione del Tribunale di Sorveglianza, motivata con il solo richiamo ad un'informativa dei carabinieri genericamente attestante che il condannato si trovava nelle condizioni di cui agli artt. 4bis e 58 ter dell'ordinamento penitenziario, senza nessun accenno alle notizie di contrario segno risultanti dagli atti), (Cfr. Cass. Pen. Sez. I° 8 giugno 1993, n. 1503).

La concessione della liberazione condizionale, per i delitti compresi nell'art. 4bis della legge 26 luglio 1975 n. 354, è soggetta alle stesse limitazioni e sono richieste le medesime condizioni previste dal citato articolo per l'assegnazione al lavoro all'esterno e per la concessione dei permessi premio e delle misure alternative alla detenzione (Cfr. Cass. Pen. Sez. I° 19 gennaio 1994, n. 4013).

L'art. 2, comma 1, della legge 12 luglio 1991 n. 203,

dichiarando applicabili anche alla liberazione condizionale le condizioni previste dall'art. 4bis della legge 26 luglio 1975 n. 354 opera una sorta di rinvio recettizio permanente per il quale, ogni modifica apportata alla disposizione richiamata per i benefici in essa contemplati, si applica automaticamente in materia di liberazione condizionale. Conseguentemente per effetto della modifica del citato art. 4bis, operata dall'art. 15 del D.L. 8 giugno 1992 n. 306 (convertito in legge 7 agosto 1992 n. 356) la liberazione condizionale, al pari dei benefici indicati nella norma modificata può essere concessa a chi sia stato condannato per taluno dei delitti ivi contemplati, alla sola condizione che risulti prestata attività di collaborazione ai sensi dell'art. 58 ter della legge 7 agosto 1992, n. 356. Siffatta limitazione d'altro canto opera anche per l'ipotesi di condanna inflitta prima della vigenza della suddetta normativa, non potendosi invocare il principio dell'irretroattività della legge più sfavorevole che riguarda solo le norme incriminatici, nelle quali non s'inseriscono quelle che disciplinano l'esecuzione della pena e le misure a queste alternative. Affermando siffatti principi la Corte di Cassazione ha ritenuto legittimo il provvedimento del Tribunale di Sorveglianza che aveva escluso la ricorrenza delle condizioni per la concessione della liberazione anticipata a soggetto condannato per sequestro di persona a scopo d'estorsione, stante la mancata prova della collaborazione con la giustizia richiesta dalla legge (Cass. Pen. Sez. I 18 giugno 1994, n. 429).

Ai fini della liberazione condizionale di persona condannata per associazione per delinquere finalizzata al traffico di stupefacenti, la collaborazione del condannato con la giustizia richiesta dagli artt. 1, 2 e 5 del D.L. 13 maggio 1991 n. 152, convertito in legge 12 luglio 1991 n. 203, non può essere riferita a fatti di reato diversi da quello per il quale si è riportata la condanna a pena cui si riferisce l'istanza (Cfr. Cass. Pen. Sez. I 8 luglio 1994, n. 2452).

In tema di condanna per sequestro di persona a scopo d'estorsione il mancato riconoscimento dell'attenuante di cui all'art. 630, comma 5 c.p. non preclude automaticamente il beneficio della liberazione condizionale, non potendosi giungere a totale identificazione tra la suddetta attenuante e la particolare collaborazione riparativa cui l'art. 58ter della legge 26 luglio 1975 n. 354 collega la concessione del beneficio; se così fosse la liberazione condizionale non potrebbe mai essere concessa a chi non ha usufruito dell'attenuante citata e si negherebbe l'ontologica diversità dei due giudizi di valore, quello di cui all'art. 630, comma 5 c.p.p. teso al passato e l'altro prospettato al futuro (ravvedimento di cui all'art. 176 c.p.); d'altro canto il giudizio sul fatto-reato non può mai assurgere a presupposto vincolante in bonam et in malam partem sulla concessione dei benefici carcerari, pena l'irraggiungibilità del precetto rieducativo di cui all'art. 27 della Costituzione (Cfr. Cass. Pen. Sez. I°, 5 luglio 1994, n. 1557).

Per il giudice italiano, è un atto dovuto la sostituzione della liberazione condizionale accordata al condannato all'estero con la misura prevista dall'art. 176 c.p. in quanto l'art. 735, comma 4 seconda parte, c.p.p. nel prevedere tale sostituzione, non pone come condizione né che il beneficio applicato all'estero sia stato concesso da un'autorità giurisdizionale, né la piena equivalenza o assimilabilità dell'istituto straniero a quel nazionale, sottraendo così al giudice nazionale ogni potere d'apprezzamento discrezionale. (Fattispecie relativa a liberazione condizionale concessa dall'autorità elvetica, Cfr. Cass. Pen. Sez. I, 25 luglio 1996, n. 3876).

In tema di liberazione condizionale il fatto che il condannato si trovi in regime di differimento dell'esecuzione della pena, per la sussistenza di taluna delle ragioni indicate negli articoli 146 e 147 c.p. non può essere d'ostacolo alla valutazione, da parte del competente tribunale, della sussistenza o meno delle condizioni previste dalla legge per la concedibilità del beneficio. Nella specie, in applicazione di tale principio, la Suprema Corte di Cassazione ha annullato il provvedimento con il quale il Tribunale di sorveglianza, investito della richiesta di liberazione condizionale avanzata da soggetto nei cui confronti era stato disposto il differimento della pena per ragioni di salute, aveva respinto detta richiesta ritenendola prematura, in quanto la posizione dell'interessato sarebbe stata più adeguatamente valutabile una volta ripresa l'esecuzione della pena. (Cfr. Cass. Pen. Sez. I° 13 marzo 1998, n. 853).

Sempre in tema di liberazione condizionale, non costituisce ostacolo all'applicazione del beneficio il fatto che il condannato si trovi in detenzione domiciliare o addirittura in libertà, atteso che il Tribunale di sorveglianza, per valutare le condizioni del ravvedimento, dispone di tutti gli strumenti previsti dagli artt. 666 e 678 del codice di rito, ivi compresa la possibilità di disporre indagini comportamentali attraverso i servizi sociali del Ministero della Giustizia e degli enti locali territoriali. Nella fattispecie la Suprema Corte di Cassazione ha ritenuto manifestamente illogica ed in contrasto con la legge la motivazione del provvedimento del Tribunale di sorveglianza, recettivo dell'istanza e fondato sulla considerazione che, non essendo il condannato detenuto, egli non poteva dimostrare il suo ravvedimento e il suo riscatto morale, (Cfr. Cass. Pen. Sez. I° 25 gennaio 2005, n. 2238; Cass. Penale 17 dicembre 2004, Mozzarella RV.230729).

La liberazione condizionale è soggetta a revoca se durante il periodo di libertà sotto condizione la persona liberata commette un delitto o una contravvenzione della stessa indole, ovvero trasgredisce agli obblighi impostigli con la libertà vigilata. A seguito della revoca, il condannato riprende a scontare la pena detentiva. L'art. 177 stabiliva che il tempo trascorso in libertà condizionale non venisse computato nella durata della pena; ma con la sentenza n. 282 del 1989 la Corte Costituzionale ha dichiarato illegittimo il comma 1° dell'art. 177 del c.p. nella parte in cui, nel caso di revoca, non consente al Tribunale di sorveglianza di determinare la pena detentiva ancora da espiare, tenendo conto del tempo trascorso in libertà condizionale, nonché delle restrizioni di libertà subite dal condannato durante tale periodo.

La Suprema Corte di Cassazione ha ribadito di recente che il soggetto sottoposto alla libertà condizionale, sicché ad esso può essere applicato il beneficio della liberazione anticipata a' sensi dell'art. 54 della legge 354 del 1975, così, Cfr. Cass. Pen. Sez. I 19/7/2012, n. 39854, Rv. 253691.

Inoltre l'art. 682 comma 2 del c.p.p stabilisce che se la

liberazione condizionale non è concessa per difetto del requisito del ravvedimento, la richiesta non può essere riproposta prima che siano decorsi sei mesi dal giorno in cui è divenuto irrevocabile il provvedimento di rigetto.

La detenzione domiciliare.

Se non vi è affidamento in prova, misura che, se applicabile, deve ritenersi privilegiata come si desume dall'art. 47ter della legge n. 354 del 1975, la pena della reclusione non superiore a quattro anni (anche se costituente parte residua di una maggiore pena) e quella dell'arresto possono essere espiate nella propria abitazione o in altro luogo di privata dimora, ovvero in un luogo pubblico di cura o assistenza, quando ricorrano le seguenti situazioni personali:

a) donna incinta o madre di prole d'età inferiore ad anni dieci; sempre a favore delle condannate madri è stata, inoltre, introdotta un'ipotesi di detenzione domiciliare speciale (art. 47 quinques), che consente di estendere la concessione della misura a casi che non rientrerebbero nella figura generale, in particolare si prevede che: Quando non ricorrono le condizioni di cui all'art. 47ter, le condannate, madri di prole d'età non superiori ad anni dieci, se non sussiste un concreto pericolo di commissione d'altri delitti e se vi è la possibilità di ripristinare la convivenza con i figli, possono essere ammesse ad espiare la pena nella propria abitazione, o in altro luogo di privata dimora, in altre parole in luogo di cura, assistenza o accoglienza, al fine di provvedere alla cura e all'assistenza dei figli, dopo l'espiazione di almeno un terzo della pena ovvero dopo l'espiazione di almeno quindici anni nel caso di condanna all'ergastolo.

b) padre, esercente la potestà, di prole d'età inferiore ad anni dieci con lui convivente, quando la madre sia deceduta o altrimenti assolutamente impossibilitata a dare assistenza alla prole;

c) persona in condizioni di salute particolarmente gravi, che richiedano costanti contatti con i presidi sanitari territoriali;

d) persona d'età superiore a sessanta anni, se inabile anche parzialmente; a riguardo alla Corte di Cassazione ha stabilito che è immanente al vigente sistema normativo una sorta d'incompatibilità presunta con il regime carcerario per il soggetto che abbia compiuto i settanta anni, sicché, nell'ipotesi d'esecuzione della pena detentiva che lo riguardi, alla presenza di un'istanza di differimento per motivi di salute o in alternativa di detenzione domiciliare, l'indagine del giudice in ordine alla gravità delle infermità che lo affliggono e alla loro compatibilità con lo stato detentivo non è decisiva, pur se utile, mentre è determinante l'accertamento della sussistenza di circostanze eccezionali, tali da imporre l'inderogabilità dell'esecuzione stessa, ovvero da contrastare con la possibilità di renderla meno affittiva, ricorrendo le condizioni di legge, mediante la detenzione domiciliare (Cfr. Cass. Pen. Sez. I° 20 aprile 2001, n. 16183; C.C. Cass. Penale 12 febbraio 2001).

e) persona minore d'anni ventuno per comprovate esigenze di salute, di studio, di lavoro e di famiglia.

A norma del comma 8 dell'art. 47ter, l'allontanamento non autorizzato dai luoghi in cui la pena deve essere espiata è considerata "evasione" (art. 385 c.p.). La denuncia per tale reato comporta la sospensione del beneficio e la condanna ne determina la revoca.

Con la legge Simeone legge 27 maggio 1998 n. 165 è stata poi introdotta un'altra figura generale, ma sussidiaria, di detenzione domiciliare che è applicabile, indipendentemente dalle condizioni previste nel comma 1 dell'art. 47ter, a qualsiasi condannato (esclusi quelli per i reati di cui all'art. 4bis della legge n. 354 del '75) che debba scontare una pena detentiva non superiore a due anni, anche se costituente parte residua di maggior pena, quando non ricorrono i presupposti per l'affidamento in prova al servizio sociale e sempre che tale misura sia idonea ad evitare il pericolo che il condannato commetta altri reati.

Atteso il rinvio operato dall'art. 47ter dell'ordinamento penitenziario all'art. 284 c.p.p. deve ritenersi che anche in caso di detenzione domiciliare, come in quello d'arresti domiciliari, sia possibile concedere al detenuto l'autorizzazione ad allontanarsi dal domicilio per il tempo strettamente necessario a svolgere attività lavorativa, ove sussistano le condizioni previste dal domicilio per il tempo strettamente necessario a svolgere attività lavorativa, e ove sussistano le condizioni previste dal citato art. 284 c.p.p (impossibilità, per il detenuto, di provvedere altrimenti alle sue indispensabili esigenze di vita o esistenza di una situazione d'assoluta indigenza) Cfr. Cass. Pen. Sez. I 17 luglio 2003, n. 30132; Conf.Cass.Penale, 20/5/2003, Sessa.

La semilibertà

La semilibertà consiste nella possibilità di trascorrere parte del giorno fuori dell'istituto di pena "per partecipare ad attività lavorative, istruttive o comunque utili al reinserimento sociale" (art. 48, legge n. 354 del 1975).

Il condannato alla pena dell'arresto o a quella della reclusione non superiore a sei mesi, è ammesso a godere del regime di semilibertà anche prima dell'inizio dell'espiazione della pena, se "ha dimostrato la propria volontà di reinserimento nella vita sociale" (art. 50 comma 6, legge n. 354 del '75).

Negli altri casi la semilibertà può essere concessa dopo l'espiazione di almeno metà della pena, e, in particolari ipotesi, dopo l'espiazione di almeno due terzi della pena. Nei casi in cui potrebbe essere concesso l'affidamento in prova, può farsi luogo alla semilibertà dopo il periodo d'osservazione disposto per l'affidamento in prova, con esito non positivo a quel fine, ma suscettibile di essere valutato favorevolmente ai fini della semilibertà.

A norma dell'art. 50, comma 4, l'ammissione al regime di semilibertà "è disposta in relazione ai progressi compiuti nel corso del trattamento, quando vi sono le condizioni per un graduale reinserimento del soggetto nella società".

Il condannato all'ergastolo può essere ammesso alla semilibertà dopo aver scontato venti anni di pena.

L'art. 51 della legge n. 354 del '75 disciplina le ipotesi di sospensione e revoca del beneficio, in relazione alle assenze del condannato dall'istituto, in violazione dei limiti di tempo stabiliti dall'art. 48, legge 354 del 1975 e, al comma 1, prevede in via generale che il beneficio possa essere in ogni tempo revocato "quando il soggetto non si palesi idoneo al trattamento". La stessa conseguenza può scaturire a danno del condannato che non rientri in istituto allo scadere di una licenza premio (art. 52, comma 4 legge 354/75), concessa a norma dello stesso art. 52, comma 1, nella misura massima di quarantacinque giorni all'anno complessivamente.

In tema di semilibertà, ai fini della valutazione della compatibilità o meno dei comportamenti posti in essere dal semilibero con la prosecuzione della misura, quando tali comportamenti abbiano dato luogo all'instaurazione di procedimenti penali, non è necessario che il giudice attenda l'esito di quest'ultimi, non essendo configurabile alcuna pregiudizialità, neppure logica, fra l'esito anzidetto e la valutazione in questione, la quale, d'altra parte, non implica neppure la necessità di prendere congiuntamente in esame anche la condotta tenuta dal semilibero nella casa circondariale e nello svolgimento dell'attività lavorativa (Cfr. Cass. Pen. Sez. I, 6 febbraio 1996, n. 6185, c.c. 30 novembre 1995, Verderame RV203654; Cass. Pen. Sez. I, 10 luglio 1998; di merito, Sezione Sorveglianza di Milano, 16 settembre 1999).

Inoltre con la novella legislativa Legge n. 251 del 2005 è stato introdotto l'art. 50biss dell'O.P. (concessione della semilibertà ai recidivi), la semilibertà può essere concessa ai detenuti ai quali sia stata applicata la recidiva prevista dall'art. 99 quarto comma del codice penale, soltanto dopo l'espiazione dei due terzi della pena per taluno dei delitti indicati nel comma 1 dell'art. 4bis della predetta legge, di almeno tre quarti di essa, successivamente è stato abbragato dall'art. 2 lett c. D.L. 1/7/2013, n. 78 convertito con modifica nella legge 9 agosto 2013, n. 94.

La liberazione anticipata.

Con la novella legislativa di cui alla Legge 277/2002, la

liberazione anticipata passa di competenza dal Tribunale di sorveglianza al Magistrato di sorveglianza, ai sensi e per gli effetti di cui all'articolo 69bis della legge 354/1975 sulla concessione.

Non è, come le altre misure alternative, una modalità d'esecuzione della pena detentiva, ma un'ipotesi d'anticipata cessazione dell'esecuzione stessa.

L'art. 54, co. 1, della legge 354 del '75 stabilisce, infatti, che è concessa al condannato a pena detentiva "che ha dato prova di partecipazione all'opera di rieducazione, quale riconoscimento di tale partecipazione, e ai fini del suo più efficace reinserimento nella società"; al riguardo è pacifica anche la Giurisprudenza di legittimità (Cfr. Cass. Pen. Sez. I° 4 gennaio 2000, n. 5819; Cass. Pen. Sez. I° 19 dicembre 2000, n. 5384).

Alla detenzione penitenziaria sono equiparate, ai fini del computo, la custodia cautelare sofferta e la detenzione domiciliare.

Ai fini della semilibertà, dei permessi premio, della libertà condizionale e dell'affidamento in prova ai servizi sociali, ai sensi della legge n. 277 del 2002, il periodo detratto è considerato come pena scontata, agli effetti del computo della misura di pena che occorre aver espiato. La condanna per un delitto non colposo "commesso nel corso dell'esecuzione successivamente alla concessione del beneficio, ne comporta la revoca" (art. 54 comma 3, legge, n. 354 del 1975).

Con riferimento a tutte le misure alternative previste dalla legge n. 354 del '75, nonché ai permessi e all'assegnazione al lavoro all'esterno, va registrata l'apposizione di limiti crescenti, d'ordine soggettivo, stabiliti in vari provvedimenti legislativi emanati a partire dal 1991, nel quadro di un inasprimento della risposta ai fenomeni di criminalità organizzata.

In parallelo l'ammissione ai benefici in questione è stata facilitata per coloro " che collaborano con la giustizia" (Cfr. rispettivamente l'art. 58 quater e 58 ter della legge n. 354 del '75, introdotti con le menzionate leggi d'emergenza, con cui l'ammissione al beneficio è stato esteso anche ai soggetti sottoposti all'art. 41bis della legge n. 354 del '75, che non è di per sé ostativo alla possibilità che il detenuto sottopostovi fruisca comunque del trattamento rieducativo in quelle forme compatibili con il predetto regime).

E invero, anche se non è utilizzabile il criterio delle opportunità risocializzanti, è pur sempre vero che è in ogni caso necessario un concreto accertamento della partecipazione dell'interessato all'opera di rieducazione; e in questo contesto è certamente un indice di seria valutazione quello della qualità dei rapporti intrattenuti con i compagni di detenzione, con gli operatori penitenziari e con gli stessi familiari, (fattispecie in tema di liberazione anticipata), (Cfr. Cass. Pen. Sez.I°, 24 giugno 1998, n.3755; Cass.Pen. Sez. I° 1996, n. 6597; Cass. Pen. Sez. I° 1995, n. 2964).

Inoltre, la Suprema Corte di Cassazione ha stabilito, anche in relazione a periodi trascorsi in affidamento in prova terapeutico ai sensi dell'art. 94 D.P.R. 9 ottobre 1990 n. 309 (testo unico delle legge in materia di disciplina degli stupefacenti e sostanze psicotrope), che è possibile la concessione della liberazione anticipata prevista per l'affidamento in prova al servizio sociale ex. art. 47 della legge 26 luglio 1975 n. 354 (c.d. ordinamento penitenziario), a nulla rilevando la coesistenza nell'affidamento "terapeutico" della finalità curativa con quella rieducativa, quest'ultima esclusiva dell'affidamento "ordinario".

In motivazione, la Corte di Cassazione ha tra l'altro osservato che l'affidamento in prova, in casi particolari, disciplinati dall'art. 94 D.P.R. n. 390 del 1990, si applica, per quanto non diversamente stabilito, nell'art. 47 sopra citato, (Cfr. Cass. Pen. Sez. I 26 novembre 2004 n. 4 6079; C.C. Cass. Pen. Sez. I 11 novembre 2004, P.G. in Proc. Onzaca RV.230253; Cass. Pen. Sez.I, 7/4/2009, n. 17343.

Infine con la novella legislativa del 2014 la liberazione anticipata in via temporanea dal 1 gennaio 2010 sino al 24 dicembre 2015 sale da 45 giorni a 75 giorni a semestre la detrazione di pena concessa con la liberazione anticipata, l'ulteriore sconto che comunque non vale in caso di affidamento in prova e detenzione domiciliare è tuttavia applicato in seguito a valutazione sulla meritevolezza del beneficio. Sono in ogni caso esclusi i condannati di mafia o per altri delitti (come omicidio, violenza sessuale, rapina aggravata e estorsione).

Esecuzione e conversione delle pene pecuniarie.

La pena pecuniaria si esegue, di regola, mediante il versamento dell'importo corrispondente alla multa o all'ammenda inflitta dal giudice con la sentenza di condanna; il pagamento può avvenire anche rateamente ex art. 133 ter c.p. In caso d'insolvenza l'esecuzione avviene in forma coatta.

I problemi della pena pecuniaria sorgono naturalmente quando l'esecuzione, anche coatta, non può accadere per insolvibilità del condannato, essendo evidente che, in assenza di una qualsiasi regolamentazione della materia, destinata a stabilire una qualche forma di sostituzione del pagamento della multa o dell'ammenda, il nullatenente verrebbe a godere di una sostanziale impunità per ogni illecito sanzionato con la sola pena pecuniaria.

D'altra parte la disciplina in vigore fino alla pubblicazione della sentenza costituzionale n. 139 del 1979, poiché comportava, in caso d'insolvibilità del condannato, la "conversione" della pena pecuniaria nella corrispondente pena detentiva, secondo criteri di ragguaglio legislativamente predeterminati, introduceva una vistosa disuguaglianza di trattamento a sfavore dei condannati nullatenenti. Questi, infatti, solo perché tali, venivano a subire una sanzione detentiva in luogo di quella pecuniaria. Dopo che fu dichiarato costituzionalmente illegittimo l'art. 136 c.p. che prevedeva la conversione delle pene pecuniarie in pene detentive (Cfr. Corte Costituzionale, sentenza 21 novembre 1979 n. 131), il legislatore ha poi provveduto a stabilire una diversa disciplina che ha almeno in parte ovviato agli effetti del regime previdente.

L'art. 102, comma 1, della legge n. 689 del 1981 stabilisce, infatti, che le pene della multa o dell'ammenda, non eseguite per insolvibilità del condannato, si convertono nella libertà controllata; ragguagliando trentotto euro di pena pecuniaria ad un giorno di libertà controllata; questa misura di ragguaglio tra pena pecuniaria e libertà controllata è stata fissata a seguito di un intervento della Corte Costituzionale, sentenza 23 dicembre 1994, n. 440, fino ad un massimo di sei mesi per l'ammenda, di un anno per la multa;

tetto che può elevarsi rispettivamente a nove mesi e ad un anno e sei mesi, nelle ipotesi di cumulo derivante da concorso di reati o di pene. La pena pecuniaria a richiesta del condannato può essere convertita anche in lavoro sostitutivo; in questo caso il criterio di ragguaglio è di venticinque euro per ciascun giorno di lavoro sostitutivo. Riguardo a quest'ultima ipotesi la Corte Costituzionale, sentenza 21 giugno 1996 n. 206, ha eliminato l'originario limite alla possibilità della conversione, rappresentato dalla circostanza che la pena pecuniaria inflitta non superasse un milione di lire (516 euro).

Il lavoro sostitutivo consiste "nella prestazione di un'attività non retribuita, a favore della collettività, da svolgere presso lo Stato, le Regioni, le Province, i Comuni o presso enti, organizzazioni o corpi d'assistenza, d'istruzione, di protezione civile e di tutela dell'ambiente naturale o d'incremento del patrimonio forestale". La conversione della pena pecuniaria in lavoro sostitutivo può aver luogo solo a richiesta del condannato; in mancanza, infatti, saremmo di fronte ad un'ipotesi di lavoro coatto, vietato dall'art. 4 comma 2 della Convenzione Europea dei diritti dell'uomo.

L'inosservanza delle prescrizioni relative alla libertà controllata o al lavoro sostitutivo determina la conversione della pena residua nella reclusione o nell'arresto, secondo il relativo criterio di ragguaglio. Nel silenzio della legge, è dubbio se il ragguaglio, ai fini della conversione, debba operarsi anche tenendo conto dell'aumento o della diminuzione, connessi con le condizioni economiche del reo, ai sensi dell'art. 133 bis. La dottrina sottolinea al riguardo il rischio di violazione del principio d'uguaglianza (essendo irragionevole che sull'entità della pena limitativa della libertà personale influiscano le condizioni economiche del reo) e rileva che un tale problema non sarebbe affatto insorto se nella disciplina della pena pecuniaria si fosse adottato il sistema c.d. dei "tassi giornalieri" T. PADOVANI, Dir. Pen. Pag. 412 e ss.

La conversione delle pene pecuniarie inflitte dal giudice di pace e non eseguite per insolvibilità del condannato è oggetto d'espressa e specifica previsione da parte del comma 4 dell'art. 55

D. Lgs. n. 274/2000: se il condannato ne fa richiesta la pena pecuniaria è convertita in lavoro sostitutivo (secondo il criterio di ragguaglio sopra indicato); in caso contrario la conversione avviene applicando la pena della permanenza domiciliare, ragguagliata nel comma dell'art. 55, che prevede poi, nel caso in cui il condannato abbia violato l'obbligo del lavoro sostitutivo conseguente alla conversione della pena pecuniaria, che la parte di lavoro non ancora eseguita venga convertita nell'obbligo di permanenza domiciliare, secondo il criterio di ragguaglio sopra indicato.

La sospensione condizionale della pena.

La sospensione condizionale della pena è un istituto complesso e d'ambigua collocazione sistematica, che la nostra legge prevede e disciplina comunque nell'ambito delle cause d'estinzione del reato (artt. 163–168 c.p.).

Nell'essenziale, questa misura consiste nell'ordine, dato dal giudice con la sentenza di condanna, che l'esecuzione delle pena inflitta resti sospesa per un determinato periodo di tempo; l'effetto d'estinzione del reato, che giustifica la collocazione normativa dell'istituto, si verifica alla fine del periodo di sospensione, se non sopravvengono cause di revoca della misura che comportino l'esecuzione della pena "sospesa".

L'attuale fisionomia della sospensione condizionale della pena è il frutto di ripetuti rimaneggiamenti della normativa originaria, anche a seguito d'interventi della Corte Costituzionale che ne hanno notevolmente ampliato i limiti d'applicabilità.

La sospensione condizionale era entrata nel nostro ordinamento giuridico nel 1904, col nome di "condanna condizionale" (c.d. legge Ronchetti, del 26 aprile 1904, n. 267) e fu poi recepita nel codice del '30, inizialmente con riferimento alle condanne non superiori a sei mesi, limite elevato ad un anno. Il beneficio era rigorosamente riservato ai delinquenti c.d. primari, cioè a coloro che mai avevano riportato condanna per delitti. Si può dire dunque che, limitatamente a questi soggetti, e tenuto conto del ristretto ambito oggettivo d'applicabilità, l'istituto esplicò la funzione di contrastare gli effetti delle pene detentive brevi: pene insufficienti per consentire un trattamento penitenziario efficace, ma comunque bastevoli a produrre tutte le conseguenze negative di un'esperienza carceraria.

La sospensione condizionale trova la sua origine storica in istituti propri della tradizione giuridica anglosassone, in cui era presente già nella seconda metà del secolo scorso, come sospensione del processo e della relativa pronuncia, in attesa dell'esito della prova che, in caso positivo, dava luogo al proscioglimento dell'imputato. Nella sua versione continentale si atteggia, invece, come sospensione dell'esecuzione della condanna e, quindi, essenzialmente come alternativa alle pene detentive di breve durata.

Nell'assetto attuale la sospensione condizionale, nella sostanza, mantiene questa connotazione essenziale, ma ha assunto al tempo stesso una dimensione ben più cospicua che in passato, purtroppo senza un sufficiente arricchimento delle sue potenzialità specialpreventive.

La riforma della sospensione condizionale ha riguardato, innanzi tutto, i limiti sia oggettivi che soggettivi entro cui il beneficio può essere concesso.

Secondo il testo vigente dell'art. 163 c.p. possono essere sospese condizionalmente le condanne alla pena della reclusione o dell'arresto in misura non superiore a due anni, ovvero a pena pecuniaria che, sola o congiunta a pena detentiva, e ragguagliata a norma dell'art. 135, sia equivalente ad una pena detentiva non superiore nel complesso a due anni. Questo limite è elevato a due anni e sei mesi per i minori degli anni ventuno e per chi ha superato gli anni settanta, comma 2 art. 163; a tre anni per i minori degli anni diciotto, comma 3 art. 163 c.p.

L'elevazione del limite di pena sospendibile, rispetto a quello precedentemente stabilito, è di per sé notevole (il doppio, ma l'innovazione legislativa è ben più rilevante, quando si consideri che, con la stessa novella del 1974 che modificava i limiti di concedibilità del beneficio (art. 11 d.l. aprile 1974, n. 99), furono introdotti altri strumenti miranti alla diminuzione delle pene, concretamente irrogabili attraverso l'illimitata estensione del giudizio di comparazione fra le circostanze, l'introduzione del cumulo giuridico per il concorso di reati, l'allargamento della continuazione, la facoltatività della recidiva, ecc. a ciò si deve oggi aggiungere l'effetto derivante dalle riduzioni di pena conseguenti all'adozione dei riti speciali, la cui scelta da parte dell'imputato è frequentemente motivata proprio dalla necessità di contenere la pena entro i limiti della sospensione condizionale. Lo stretto legame esistente tra le due prospettive è testimoniata da quanto previsto nel comma 3 dell'art. 444 c.p.p. la parte, infatti, nel formulare la richiesta di 'patteggiamento', "può subordinare l'efficacia alla concessione della sospensione condizionale della pena". I limiti oggettivi di concedibilità della sospensione sono stati ulteriormente ampliati con la legge 11 giugno 2004 n. 145, che ha introdotto una modifica, si potrebbe anche dire un'correttivo', che tiene conto della rilevante frequenza con la quale nel nostro ordinamento la sanzione edittale congiunge la pena detentiva concretamente inflitta se non supera i limiti della sospendibilità; l'applicazione dei criteri di ragguaglio alla congiunta pena pecuniaria comporta frequentemente lo 'sforamento' di quel limite, impedendo così la concessione del beneficio. Con la citata legge n. 145 del 2004, l'art. 163 c.p. è stato modificato nel senso che la sospensione condizionale può essere concessa anche quando la pena nel complesso sia superiore a due anni (ovvero due anni e sei mesi e tre anni, nelle ipotesi dei commi 2 e 3 dell'art. 163 c.p.), a condizione però che quel limite non sia superato dalla sola pena detentiva inflitta. E' dunque esclusivamente la misura di quest'ultima a decidere sul piano oggettivo della concedibilità della sospensione e d'altra parte è certamente la pena detentiva, per i suoi effetti desocializzanti, a porre il problema dell'opportunità di evitare, per quanto possibile, l'esecuzione ed a fornire allo stesso tempo la misura della gravità del fatto al fine di bilanciare le esigenze di prevenzione generale e quelle di prevenzione speciale.

Anche il limite soggettivo di concedibilità della sospensione è oggi sensibilmente diverso rispetto alla normativa originaria, che inibiva la concessione del beneficio a chi avesse riportato "una precedente condanna per delitto" (art. 164 c.p.). Già con la legge

191 del 1962, l'art. 164 c.p. era stato modificato nel senso di dichiarare ostativa alla sospensione soltanto l'eventuale precedente condanna a pena detentiva per delitto; ma, è stata la sentenza Costituzionale n. 95 del 1976, a modificare l'art. 164 c.p. permettendo, in pratica, entro determinati limiti, la concessione della condizionale per non più di due volte. Il comma 4 dell'art. 164, infatti, dopo aver stabilito che la sospensione condizionale "non può essere concessa più di una volta", precisa tuttavia che "il giudice, nell'infliggere una nuova condanna, può disporre la sospensione condizionale, qualora la pena da infliggere, cumulata con quell'irrogata con la precedente condanna anche per delitto, non superi i limiti stabiliti dall'art. 163", e in altre parole i due anni di reclusione.

La sospensione condizionale della pena, peraltro, non può essere concessa al delinquente o contravventore abituale o professionale.

L'altro ostacolo alla sospensione, costituito dall'applicabilità ope legis di una misura di sicurezza personale, ha perduto, invece, ogni rilevanza a seguito dell'abolizione delle ipotesi di pericolosità presunta.

E' rimasto immutato il criterio d'applicazione della sospensione condizionale: essa è ammessa soltanto se, "avuto riguardo alle circostanze di cui all'art. 133, il giudice presume che il colpevole si asterrà dal commettere ulteriori reati " (art. 164, co. 1). Sulla scarsa praticabilità di questo giudizio prognostico si sono sempre appuntate le riserve della dottrina, in considerazione del fatto che, in assenza d'elementi di valutazione realmente significativi, allorché ne ricorrano i presupposti oggettivi, la sospensione condizionale è concessa nella prassi in modo automatico.

Le modifiche alla disciplina della sospensione condizionale hanno arricchito in qualche misura anche il suo contenuto, che nell'essenziale è dato dalla sospensione dell'esecuzione della pena, per cinque anni, se si tratta di condanna per delitto, per due anni se si tratta di condanna per contravvenzione.

Alla possibilità, già prevista originariamente, che la sospensione sia subordinata all'adempimento delle obbligazioni civili nascenti dal reato, l'art. 128 della legge 689/81 ha aggiunto la possibilità di subordinare la concessione del beneficio "all'eliminazione delle conseguenze dannose o pericolose del reato"; con la citata legge 145 del 2004, tale ultima prescrizione è posta in alternativa (se il condannato non si oppone) alla "prestazione d'attività non retribuita a favore della collettività per un tempo determinato comunque non superiore alla durata della pena sospesa (art. 165, comma 1 c.p.). Questa modifica s'inserisce senza dubbio nella prospettiva di dare alla sospensione condizionale dei contenuti sanzionatori 'effettivi', comunque orientati in senso spiccatamente specialpreventivo, omologandola in qualche modo ad altri istituiti che parimenti perseguano obiettivi di decarcerizzazione e con i quali condivida in parte l'ambito applicativo.

Nella stessa direzione di una maggiore effettività, s'inscrive la previsione contenuta nel comma 2° dell'art. 165 c.p. secondo la quale, in caso di seconda concessione, la sospensione "deve" essere subordinata all'adempimento di uno degli obblighi previsti nel comma precedente. L'originaria formulazione faceva salva l'ipotesi in cui "ciò fosse impossibile, ma questa clausola di salvezza è stata eliminata dalla legge 145 del 2004, al fine di garantire effettività all'adempimento degli obblighi nel caso di una seconda concessione.

In queste modifiche legislative la dottrina coglie l'espressione di scopi specialpreventivi di segno positivo, che si affiancano, nella disciplina della sospensione condizionale, all'ovvia funzione specialpreventiva di segno negativo (non desocializzazione) da cui essa è manifestamente caratterizzata.

Per quanto attiene alle prospettive di non desocializzazione, appare senz'altro significativo quanto è oggi stabilito nel comma 2 dell'art. 166 c.p. "La condanna a pena condizionalmente sospesa non può costituire in alcun caso, di per sé sola, motivo per l'applicazione di misure di prevenzione, né d'impedimento all'accesso a posti di lavoro pubblici o privati, tranne i casi specificatamente previsti dalla legge, né per il diniego di concessioni, di licenze o d'autorizzazioni necessarie per svolgere attività lavorativa", comma introdotto dall'art. 4 legge 7 febbraio

1990 n. 19.

Altra innovazione legislativa in materia di sospensione condizionale ha riguardato la portata del suo effetto sospensivo, che era prima limitata alle pene principali, restandone escluse le pene accessorie e che, con l'art. 4 della legge 7 febbraio 1990 n. 19, è stato estesa anche alle pene accessorie (cfr. art. 166, co. 1 c.p.).

La sospensione condizionale rende anche inapplicabili le misure di sicurezza, esclusa la confisca; non incide viceversa sugli altri effetti penali della condanna, né sulle obbligazioni civili nascenti dal reato.

Se il periodo di sospensione (cinque o due anni) decorre interamente, senza che il condannato commetta "un delitto, ovvero una contravvenzione della stessa indole", il reato per il quale fu concessa la sospensione condizionale della pena è estinto: l'estinzione inibisce l'esecuzione delle pene principali e accessorie, mentre restano fermi gli altri effetti penali della condanna.

Quando viceversa entro il termine stabilito, il condannato commetta un delitto ovvero una contravvenzione della stessa indole, perciò gli sia inflitta una pena detentiva, ovvero non adempia agli obblighi impostigli, a norma dell'art. 168, comma 1°, c.p. la sospensione "è revocata di diritto"; lo stesso art. 168 naturalmente fa salvo quanto stabilito dall'art. 164, in relazione alla possibilità di una doppia concessione del beneficio. Se poi la nuova condanna interviene per un delitto commesso anteriormente alla concessione della sospensione, questa è revocata di diritto, allorché la pena inflitta, cumulata con quella precedentemente sospesa, oltrepassi il limite stabilito dall'art. 163 c.p.

La revoca è, invece, facoltativa se il cumulo delle due pene rientri nei limiti stessi: la disposizione si giustifica in relazione al beneficio; si deve tuttavia considerare che esso era stato concesso in base al presupposto che il reo non avesse in precedenza commesso altri reati. Conseguentemente il giudice, "tenuto conto dell'indole e della gravità del reato, può revocare l'ordine di sospensione condizionale della pena".

Sempre con la legge 145 del 2004 è stata, infine, introdotta una nuova figura di sospensione condizionale, caratterizzata da diversi presupposti ed applicabile ai soli casi in cui la pena inflitta non sia superiore ad un anno, determinata, se si tratta di pena pecuniaria, mediante ragguaglio a norma dell'art. 135 c.p.

La concessione della sospensione è in questo caso condizionata all'integrale riparazione del danno, che deve avvenire "prima che sia stata pronunciata la sentenza di primo grado, mediante il risarcimento di esso e, quando sia possibile, mediante le restituzioni, nonché qualora il colpevole, entro lo stesso termine e fuori del caso previsto nel quarto comma dell'art. 56, si sia adoperato spontaneamente ed efficacemente per elidere o attenuare le conseguenze dannose o pericolose del reato da lui eliminabili". Trattandosi d'ipotesi in cui la misura della pena inflitta è indice di modesta esigenze di prevenzione generale e le condotte riparatorie consentono allo stesso tempo di tenere conto della posizione della vittima del reato e delle finalità specialpreventive, il periodo di sospensione è ridotto ad un solo anno, trascorso il quale, se non interviene revoca, si produce l'effetto estintivo.

Conclusivamente si può dire che, nell'assetto risultante dalle menzionate modifiche normative, alla sospensione condizionale non possa più riconoscersi la mera finalità di sottrarre i delinquenti primari –sul presupposto che si asterranno in seguito dal commettere reati– alle conseguenze negative delle pene detentive brevi. L'istituto sembra a questo punto aspirare ad un ruolo più significativo: se da un lato vede ampliarsi la sua capacità di contrastare gli effetti di desocializzazione derivanti dall'esecuzione della pena, dall'altro coniuga l'ovvio effetto specialpreventivo, connesso alla minaccia incombente di una pena "sospesa" (spesso tutt'altro che lieve) con il ricorso a stimoli di carattere positivo (eliminazione delle conseguenze dannose o pericolose del reato, condotte di tipo riparatorio o risarcitorio, ecc.), volti a dare effettività e significato alla natura condizionata del beneficio.

Nella stessa chiave d'effettività può essere letta anche l'espressa scelta legislativa (art. 60, d. lgs. n. 274 del 2000) con cui si è esclusa l'applicabilità della sospensione condizionale alle pene irrogate dal giudice di pace: in considerazione da un lato degli scarsi effetti desocializzanti delle pene irrogabili dal giudice di pace e, dall'altro, della presenza di una serie di strumenti sia di tipo conciliativo, che di tipo estintivo o deflativo, sempre in qualche modo subordinati a forme di riconciliazione/ricomposizione con la vittima. In definitiva, secondo quanto espresso sul punto nella relazione governativa al d. lgs. 274 del 2000, "La rinuncia alla pena detentiva e il notevole spazio riconosciuto alla conciliazione suggeriscono pertanto proprio nell'interno di rafforzare la mitezza ma anche l'effettività di questa giurisdizione, di non ricorrere all'istituto sospensivo".

La sospensione del processo con messa alla prova e il perdono giudiziale per i minorenni.

Il nostro ordinamento contiene due particolari ipotesi d'estinzione del reato, esclusive del diritto penale minorile: riservate in altre parole ai minori degli anni diciotto. Va qui ricordato che l'art. 27 del D.P.R. 22 settembre 1988, n. 448 ("Disposizioni sul processo penale a carico d'imputati minorenni"), nel testo risultante dall'art. 1 della legge 5 febbraio 1991 n. 123, prevede inoltre una speciale ipotesi di non luogo a procedere, nei confronti dei minori degli anni diciotto, che si fonda sulla ritenuta irrilevanza del fatto, in considerazione della sua "tenuità" e della "occasionalità del comportamento", risultanti dalle indagini preliminari, "quando l'ulteriore corso del procedimento pregiudica le esigenze educative del minore".

Una di essa è costituita dal "perdono giudiziale", istituto presente nel sistema fin dell'entrata in vigore del Codice Rocco (art. 169) e successivamente disciplinato anche dall'art. 19 del r.d.l. 20 luglio 1934 n. 1404, istitutivo del Tribunale per i Minorenni.

Il giudice minorile ha, in sostanza, la facoltà di non rinviare l'imputato a giudizio o nel giudizio di non pronunciare condanna – pur esistendone, s'intende, i presupposti di merito – e applicare invece il perdono giudiziale, quando ritiene che si possa irrogare una pena restrittiva della libertà personale non superiore a due anni, ovvero una pena pecuniaria non superiore ad euro 1.549, anche se congiunta alla pena detentiva. La concessione del perdono giudiziale è causa d'estinzione del reato.

Il perdono può essere concesso solo, quando il giudice, avuto riguardo alle circostanze dell'art. 133 c.p. "presume che il colpevole si asterrà dal commettere ulteriori reati". Il perdono giudiziale non può essere concesso ai minorenni che siano già stati condannati a pena detentiva per delitto o che siano delinquenti o contravventori abituali o delinquenti professionali. Il perdono giudiziale può essere applicato una sola volta. Tale limite, tuttavia, va escluso, quando si tratti di reati uniti dal vincolo della continuazione a quelli per cui era stato concesso una prima volta il beneficio, o di reato commesso anteriormente al primo perdono, se il cumulo della pena non superi i limiti d'applicabilità del beneficio, (Cfr. Corte Costituzionale Sentenze n. 108 del 1973 e n. 154 del 1976).

L'evidente analogia nei presupposti, nei limiti quantitativi e nelle condizioni d'applicabilità con la sospensione condizionale della pena (anch'essa ovviamente applicabili ai minorenni) segnala l'impronta marcatamente specialpreventiva di questo particolare istituto del diritto penale minorile. Con esso si fornisce, infatti, al giudice un'alternativa ulteriore all'inflizione della pena, che, a differenza della sospensione condizionale, evitando la condanna, inibisce anche la stigmatizzazione "ufficiale" del minore come deviante e n'agevola per questa via la riabilitazione.

Assai significativa nella stessa direzione è l'altra speciale causa d'estinzione dei reati commessi dai minori: e cioè la sospensione del processo con la messa alla prova.

A norma dell'art. 28 del d.p.r. 22 settembre 1988 n. 448, così come integrato dall'art. 44 del d.lgs. 14 gennaio 1991 n. 12, il giudice dei minori può sospendere il processo per un periodo non superiore a tre anni, quando si tatti di reati per i quali è prevista la pena dell'ergastolo e della reclusione non inferiore nel massimo a dodici anni –; per non più di un anno negli altri casi, affidando nel contempo l'imputato ai servizi minorili della giustizia, per lo svolgimento "delle opportune attività d'osservazione, trattamento e sostegno" ed eventualmente dettando "prescrizioni dirette a riparare le conseguenze del reato e a promuovere la conciliazione del minore con la pena offesa del reato" (art. 28, comma 2, del D.P.R. n. 448 del 1988). All'esito positivo della prova consegue la dichiarazione giudiziale d'estinzione del reato, art. 29 del D.P.R. n. 448 /88.

La forte connotazione specialpreventiva di questa misura – anche nel senso precipuo della prevenzione speciale integratrice– è quanto mai evidente; va sottolineato che la sua portata è assai ampia, anzi tendenzialmente illimitata, essendo suscettibile d'applicazione a qualsiasi reato commesso dai minori.

La Riabilitazione art. 179 c.p. (modificata con la legge n. 145 del 2004).

La riabilitazione è quell'istituto che comporta l'estinzione delle pene accessorie ed ogni altro effetto penale della condanna. La Corte di Cassazione in tema di riabilitazione ha stabilito che è meramente apparente la motivazione del provvedimento concessivo, consistente nell'impiego in un modulo prestampato della locazione "risulta che il condannato ha dato prova d'effettiva e costante buona condotta", senza alcun'esplicitazione in ordine alla natura e al contenuto di tali asserite condotte e senza alcuna integrazione e personalizzazione dello stampato recante la predisposizione d'espressione riproducente pedissequamente la formulazione della norma di cui all'art. 179 c.p. nella parte in cui essa determina le condizioni per una pronuncia favorevole, (Cfr. Cass. Pen. Sez. IV, 7 aprile 1999, n. 520; C.C. 18 Febbraio 1999, P.M. in Proc. Reitano M. RV. 213468). Esso, definito in tal modo dall'art. 178 c.p. ha evidente scopo di recupero sociale del condannato, consentendogli la reintegrazione integrale nei diritti pubblici (che conseguono per legge alle pene accessorie: il più evidente è il diritto di voto, che viene meno con l'interdizione dei pubblici uffici). Pertanto l'effetto principale ed in pratica l'unico della riabilitazione sta proprio nella cancellazione delle incapacità giuridiche. Infatti, secondo la Suprema Corte di Cassazione, in tema di riabilitazione, l'attivarsi del reo al fine dell'eliminazione, per quanto possibile, di tutte le conseguenze d'ordine civile derivanti dalla condotta criminosa, costituisce condizione imprescindibile per l'ottenimento del beneficio, anche nel caso in cui nel processo penale sia mancata la costituzione di parte civile e non vi sia stata, quindi, alcuna pronuncia in ordine alle obbligazioni civili conseguenti al reato; (Cfr. Cass. Pen. Sez.V, 27 novembre 1998, n. 6445; Cass. Pen. Sez. III, 10 novembre 1998, n. 2942; Cass. Sez. VI, 26 ottobre 1999, n. 3440; Cass. Pen. 2000, n. 923 (s.m.); Cass. Pen. 2000, n. 3311 (s.m.).

Il beneficio può essere concesso solo su istanza dell'interessato e in relazione sia alle sole sentenze da esso indicate, c.d. riabilitazione parziale, sia a tutte le condanne riportate. Secondo la Suprema Corte di Cassazione, la riabilitazione riguarda tutte le condanne, e quindi anche quelle in ordine alle quali sia stata concessa la sospensione condizionale della pena, (Cfr. Cass. Pen. Sez. I, 19 settembre 1999, n. 6617; Cass. Pen. Sez. III° 1-12-1999, n. 3845, da ultima Cass. Pen. Sez. VI° 4-11-2002, n. 18172).

Invero l'ammissibilità della cosiddetta riabilitazione parziale non consegue ad un'espressa previsione legislativa e corrisponde ad una ricostruzione della riabilitazione come misura non riferita alla persona nel suo complesso, ma come meccanismo d'estinzione degli effetti penali sfavorevoli della singola condanna.

Si noti che, in ogni caso, l'eventuale condanna successiva a quella per cui si chiede la riabilitazione, se riferita a reato commesso in data successiva, potrebbe essere tenuta in conto nella valutazione della regolarità della condotta subita dal condannato, (Cfr. Giusta Cass. Pen. Sez. I°, 13 maggio 1998, Conti; Cass. Pen. Sez. I° 3 maggio 1993, Capitani; Cass. Pen. Sez. I° 21 ottobre 1992, Passavini; Cass. Pen. Sez. I° 5-5-2000, n.3372, Cass. Pen. Sez. I° 18-5-2005, 21348, di merito Tribunale Sorveglianza di Torino Ordinanza del 21-11-2006, n. 3580/'05 R.G.).

Difficile appare dare significato all'espressione: " ogni altro effetto penale". Non risultano significative applicazioni del concetto in giurisprudenza.

L'art. 179 c.p. come modificato dalla legge 12 giugno 2004 n. 145, definisce le condizioni alla cui sussistenza è collegato il beneficio.

In primo luogo, devono essere trascorsi almeno 3 anni dal giorno in cui la pena principale è stata eseguita o si è estinta in altro modo.

Nel caso di pena sospesa condizionalmente, il termine decorre dallo stesso momento da cui decorre la sospensione condizionale.

Nel caso di recidivi, capoversi dell'art. 99 c.p. il termine è d'otto anni; nel caso di delinquenti abituali, professionali o per tendenza, il termine è d'anni 10 e decorre dal giorno in cui è revocato l'ordine d'assegnazione alla misura di sicurezza detentiva applicata.

In secondo luogo:

1)il richiedente non deve essere stato sottoposto a misure di sicurezza (salvo l'espulsione dello straniero e la confisca) nel caso in cui il provvedimento sia stato revocato;

2)Il richiedente deve avere adempiuto le obbligazioni civili derivanti da reato, (Cfr. Cass. Pen. Sez. I, 5 maggio 2000, n. 3372; Cass. Pen. Sez. IV, 14 marzo 2001, n. 665), salvo che dimostri di trovarsi nell'impossibilità di adempierle, (Cfr. Cass. Pen. Sez. I, 15 aprile 1999, n. 3002; Cass. Pen. Sez. V, 8 ottobre 1999, n. 4731; Cass. Pen. Sez. I 16 giugno 2000, n. 4429).

Il beneficio era applicato con sentenza ex. art. 180 c.p. La disposizione è da ritenersi superata dalla lettura del combinato disposto degli artt. 678 e 666 del c.p.p. che prevedono l'ordinanza come forma tipica dei provvedimenti della magistratura di sorveglianza ex art. 70 O.P..

In caso di rigetto da parte del Tribunale di Sorveglianza della riabilitazione, la stessa non potrà essere ripresentata se non siano trascorsi due anni, ai sensi e per gli effetti dell'art. 683 c.p.p. dal giorno in cui è divenuto irrevocabile il provvedimento di rigetto. Esso è revocato di diritto qualora il riabilitato commetta nuovo delitto nei termini fissati dall'art. 180 c.p. ove stabilisce: la sentenza di riabilitazione è revocata di diritto se la persona riabilitata commette entro cinque anni un delitto non colposo, per il quale sia inflitta la pena della reclusione per un tempo non inferiore a tre anni o ad altra pena più grave.

Le disposizioni relative alla riabilitazione si applicano anche nel caso di sentenza straniera di condanna, riconosciute a norma art. 12 e 689 c.p.p. secondo quanto affermato dalla Suprema Corte di Cassazione (Cfr. Cass. Pen. Sez. IV, 19 settembre 2000, n. 4255). Per i militari, minorenni e pentiti sono previste forme speciali di riabilitazione, introdotte da apposita normativa. Infatti, la Corte di Cassazione ha stabilito che l'inapplicabilità dei benefici, previsti dall'art. 11 d.lgs. 4 marzo 1948 n. 47, non costituisce effetto penale (e, quindi, effetto penale militare) della condanna per diserzione, sia perché la limitazione non deriva necessariamente ed esclusivamente da una condanna (la legge prevede che i benefici non siano applicabili anche quando il reato sia stato dichiarato estinto per amnistia), sia perché, come affermato dalla Corte Costituzionale con la sentenza n. 211 del 3 maggio 1993, l'attribuzione dei benefici combattentistici ha la funzione di gratificare un merito il cui mancato riconoscimento non può assumere una valenza, anche in senso lato, sanzionatoria.

Ai fini dell'ammissibilità della richiesta di riabilitazione, inoltre, non assume alcun rilievo il fatto che dalla condanna discendano la perdita dell'onore militare e della qualità d'ex combattente intesa come deminutio dello status militare, poiché l'ordinamento fa derivare l'incapacità militare d'ordine generale solo dalla pena accessoria della degradazione. Una volta ottenuta la riabilitazione penale non sussiste perciò alcun interesse da parte del soggetto ad ottenere la riabilitazione militare e la relativa istanza presentata al Tribunale di Sorveglianza deve essere dichiarata inammissibile, (Cfr. Cass. Pen. Sez. I, 28 marzo 1995, n. 1894, conforme Cass. Pen. Sez. I, 26 settembre 1994; conforme Cass. Pen. Sez. I, 31 marzo 1995, n. 2015; conforme Cass. Pen. Sez. I 1996, n. 1452). Parametro di valutazione viene ad essere la "buona condotta" del reo. Nella specie, la Corte di Cassazione ha ritenuto legittimo il diniego della riabilitazione motivato dal fatto che il richiedente, già recidivo specifico, era incorso nella violazione dell'art. 116, comma 13, del codice della strada, essendosi posto alla giuda di un autoveicolo senza essere munito della prescritta patente, (Cfr. Cass. Pen. Sez. I° 8 gennaio 2003, n. 196, ud. 3 dicembre 2002, Rega RV.223027). Ai sensi dell'art. 683 comma 3, C.P.P. se la richiesta è respinta per difetto del requisito della buona condotta, essa non può essere riproposta prima che siano decorsi due anni dal giorno in cui è divenuto irrevocabile il provvedimento di rigetto.

CONCLUSIONI
sul concetto di pena, fede, giustizia e verità.

J. P. Sartre scriveva: "Ho conosciuto qualcosa di più terribile della Giustizia divina: quella degli uomini".

Dopo più di 25 anni di servizio nel Corpo di Polizia Penitenziaria, da agente sino a commissario, ove ho svolto il 3 corso del ruolo direttivo speciale da vice commissario penitenziario presso l'istituto superiore degli studi penitenziaria per la durata di un anno, nell'anno 2006 sino al mese di ottobre 2007, ed adesso come avvocato penalista posso affermare che l'Amministrazione penitenziaria ha fatto grandi passi nell'applicazione in toto dell'art. 27 comma 3° della Costituzione, nella parte in cui afferma che "le pene non possono consistere in trattamenti contrari al senso d'umanità e devono tendere alla rieducazione del condannato".

Infatti, dopo circa 15 anni dalla circolare 3337/5758 del 7-2-1992 che istituiva tra le diverse aree, quell'educativa o del trattamento negli istituti Penitenziari, si avverte la necessità di fare un bilancio dell'esistente e di procedere all'identificazione complessiva della sua organizzazione e del suo funzionamento.

Già nel maggio 2001, con la circolare n. 3554/6004, si era dato in verità un primo impulso al rilancio o all'istituzione delle aree educative, ma in alcune realtà, dette aree, non erano state istituite, il loro funzionamento non rispondeva a criteri d'efficacia e d'efficienza, la loro attività si sviluppava su basi raramente legate ad un'ottica progettuale, spesso affidate all'iniziativa estemporanea o alla presumibile professionalità dei singoli educatori.

C'è da notare, altresì, come le aree educative abbiano subito un processo di costante e progressiva burocratizzazione, con la codificazione di prassi e d'attività che attengono a volte più al ritualismo che ad un'ottica progettuale e che smorzano nei fatti l'attenzione al principio fondamentale dell'individualizzazione dell'osservazione e del trattamento, ricercando, prioritariamente, la certezza dell'adempimento formale.

Lo sviluppo normativo del sistema penitenziario ci sollecita ad esaminare la sua evoluzione storica per comprenderne il valore giuridico e l'alto contenuto sociale, a partire dalla svolta determinata dall'Illuminismo, secondo cui il concetto di pena, in generale, e quello di carcere, in particolare, assumevano nuovi connotati. Cesare Beccaria, con il libro "Dei delitti e delle pene", esercitò una forte influenza nel settore: la pena doveva avere significato retributivo e non più d'intimidazione e di vendetta, mentre il delinquente era visto come un individuo libero nelle sue scelte, indipendente da condizionamenti socio-ambientali o patologico-individuali. Stampato dapprima in forma anonima a Livorno, verrà poi ristampato a Parigi e influenzerà in maniera determinante anche il successivo Codice Penale Francese del 1791.

Si afferma in tal modo la cosiddetta "scuola classica" di diritto penale che fa propri il concetto di "retribuzione" (la pena deve corrispondere all'offesa) ed il "principio di legalità" (nessuno può essere punito senza aver commesso un fatto previsto dalla legge come reato).

Nel 1876 vide la luce il libro "L'uomo delinquente" di Cesare Lombroso, che focalizzando l'attenzione sul metodo sperimentale che doveva essere alla base delle scienze della persona umana, stabilì che il reo dovesse essere studiato con il metodo scientifico e, per quanto riguarda i comportamenti antisociali, si tentò di risalire alle cause della devianza. Lombroso attribuì tali cause a processi d'ordine biologico e, in particolare, a "tare" che riprendendo l'ipotesi darwiniana, erano considerate come "atavismi", cioè manifestazioni attuali abnormi di comportamenti (e d'assetti fisici) che un tempo erano state normali.

Da medico quale era, il Lombroso, avendo così interpretato le cause dei vari comportamenti antisociali, si pose il problema di far seguire alla diagnosi la terapia per il ristabilimento dell'equilibrio turbato. E' la prima nozione di "Trattamento Penitenziario".

Verso la fine del XIX secolo, alla funzione rieducativa della pena subentrano le esigenze custodiali, sicché il processo penale e la pena comminata al condannato devono confrontarsi non solo con i fatti oggetto del processo, ma anche, e soprattutto, con la pericolosità del reo; allora, se la pena della privazione della libertà deve tendere alla rieducazione del condannato, questa non può attuarsi e il trattamento, la rieducazione, la risocializzazione divengono quindi gli elementi peculiari del sistema moderno.

Fondamentale la formulazione nel 1948 delle norme "per la prevenzione del delitto e il trattamento dei delinquenti" da parte dell'organizzazione delle Nazioni Unite.

Il sistema penitenziario vigente in Italia ha il suo riferimento normativo preponderante nella legge 26 luglio 1975 n. 354 ordinamento penitenziario e nel D.P.R. 30 giugno 2000 n. 230.

Nell'art. 1 della legge 354/75 è testualmente ed enfaticamente affermato: "il trattamento penitenziario deve essere conforme ad umanità e deve assicurare il rispetto della dignità della persona". Il trattamento è improntato ad assoluta imparzialità, senza discriminazioni in ordine a nazionalità, razza e condizioni economiche e sociali, a opinioni politiche e a credenze religiose".

La disposizione stigmatizza la pari dignità sociale di tutti i cittadini, già espressamente affermata nel primo comma dell'art. 13 della Costituzione.

Giova precisare che nella Costituzione è fatta menzione anche al sesso ed alla lingua: quest'ultima, comunque, dovrebbe essere implicita nel termine nazionalità che al contrario non è citato nella Costituzione.

L'art. 3, fondamentale ed importante in qualsiasi tipo di ragionamento giuridico, trova particolare importanza in una realtà chiusa come il carcere ed è stato applicato dalla Legge Gozzini di riforma dell'O.P.

L'art. 25 comma 2° della Costituzione stabilisce che nessuno può essere punito se in forza di una legge che sia entrata in vigore prima del fatto commesso: "Nulla poena, nullum crimen sine lege".

Nello stesso articolo il legislatore distingue il trattamento da riservarsi agli imputati da quello nei confronti dei condannati ed internati. Ed, infatti, in armonia con il comma 2 e 3 dell'art. 27 della Costituzione, è testualmente scritto che: "il trattamento degli imputati deve essere rigorosamente informato al principio che essi sono considerati non colpevoli sino alla condanna definitiva".

"Nei confronti dei condannati e degli internati deve essere attuato un trattamento rieducativi che tenda, anche attraverso i contatti con l'ambiente esterno, al reinserimento sociale stesso".

La diversa finalità dei due tipi di trattamento è ancor meglio spiegato nel nuovo regolamento d'esecuzione approvato con D.P.R. n. 230 del 30 giugno 2000: "il trattamento degli imputati sottoposti a misure privative della libertà consiste nell'offerta di interventi diretti a sostenere i loro interessi umani, culturali e professionali". Il trattamento rieducativo dei condannati e degli internati è diretto, inoltre, a promuovere un processo di modificazione degli atteggiamenti che sono d'ostacolo ad una costruttiva partecipazione sociale.

Di fondamentale importanza è il principio dell'individualizzazione del trattamento, chiave di volta dell'ordinamento penitenziario nella misura in cui il detenuto da oggetto passivo d'interventi, diviene soggetto attivo portatore di diritti individuali.

Il trattamento, pertanto, deve essere attuato "secondo un criterio d'individualizzazione in rapporto alle specifiche condizioni dei soggetti".

Esso costituisce, dal punto di vista giuridico, un "obbligo di fare" per l'amministrazione penitenziaria e si sostanzia in un'offerta d'interventi finalizzati, tramite l'osservazione scientifica della personalità del soggetto, alla predisposizione di un programma individualizzato di trattamento.

Anche il numero dei detenuti e degli internati negli istituti e nelle sezioni deve essere limitato e, comunque, tale da favorire l'individualizzazione del trattamento, con particolare riguardo nel contempo alla possibilità di procedere ad un trattamento rieducativo ed all'esigenza di evitare reciproche influenze nocive.

E' postulato dell'individualizzazione del trattamento, la previsione del regime di sorveglianza particolare di cui all'art. 14 bis della legge 354/75, nei confronti di coloro che "con i loro comportamenti compromettono la sicurezza ovvero turbano l'ordine degli istituti con la violenza e la minaccia, impediscono le attività degli altri detenuti ed internati e nella vita penitenziaria si avvalgono dello stato di soggezione d'altri detenuti".

Le limitazioni imposte a detti soggetti, individualmente considerati, tendono peraltro alla tutela dei diritti di tutti gli altri detenuti.

Infine, i mezzi attraverso i quali si attua il trattamento e la rieducazione sono indicati con estrema chiarezza dall'art. 15 dell'Ordinamento penitenziario, il trattamento è svolto avvalendosi principalmente dell'istruzione, del lavoro, della religione, delle attività ricreative e sportive e agevolando opportuni contatti con il mondo esterno ed i rapporti con la famiglia; gli elementi del trattamento si concretizzano in un serie d'attività che dovrebbero, da un lato, consentire il reinserimento sociale e, dall'altro, dovrebbero consentire di attuare il principio d'eguaglianza sostanziale di cui al 2° comma dell'art. 3 della Costituzione: si deve utilizzare un tipo di trattamento che sia molto simile ad un reinserimento in una vita normale; anche le attività sportive e ricreative sono importanti: il fatto di avere un obiettivo, fa sì che i detenuti considerano di più se stessi, che abbiano cura del loro corpo e della loro salute, in maniera da garantire anche in questo modo il reinserimento sociale.

Fondamentale, al fine di attuare il recupero sociale è il lavoro, ed il problema della persistente carenza, è proprio quello più importante da risolvere.

Purtroppo, continuano a verificarsi nelle carceri atti d'autolesionismo e numerosi casi di suicidio che dovrebbero sollecitare una strategia operativa realmente efficace e non di facciata per tentare di eliminare, o quanto meno ridurre, le condizioni di disagio, di trascuratezza, d'insensibilità, di difficile vivibilità.

Per condizioni d'oggettiva difficoltà, in cui ormai si è costretti ad operare, e per l'inadeguatezza delle risorse disponibili, non sono state applicate, se non più o meno parzialmente, le direttive più volte emanate dal Ministero competente. E ci si riferisce, in particolare, alla cura e all'organizzazione del servizio nuovi giunti, all'operatività del servizio specialistico di Psichiatria e di Psicologia; in generale, alla concreta efficacia dei controlli e di tutta la necessaria attenzione nei confronti di tutti i soggetti, soprattutto di quelli che, o per situazioni oggettive o per intrinseca fragilità, possano classificarsi a rischio.

Per concludere, non bisogna, purtroppo, dimenticare le attuali macroscopiche carenze: osservazione intempestiva a causa delle lungaggini processuali; presenza sempre più limitata degli operatori; limitazione degli scambi nell'ambito del gruppo di lavoro dal quale molto spesso sono esclusi i rappresentanti della Polizia Penitenziaria; carenza di servizio sociale e di strutture esterne per il reinserimento post-penitenziario; metodologie di trattamento molto limitate e scarsamente approfondite; proposte alternative alla detenzione non sempre adeguate all'evoluzione delle personalità.

Al punto in cui ci troviamo, il processo per uscire dall'attuale fase recessiva sarà naturalmente laborioso e, comunque, inattuabile se non interverranno mezzi e direttive adeguate in proposito: obiettivo, al cui conseguimento, dobbiamo tutti noi operatori concorrere con il massimo di professionalità specifica nell'ottica che ....SOLES OCCIDERE ET REDIRE POSSUNT......

ECCO LE NOVITÀ DEL PROVVEDIMENTO DEL 2013

Braccialetti elettronici. Gli strumenti elettronici di controllo saranno la regola, non più l'eccezione. Oggi, nel disporre i domiciliari, il giudice li prescrive solo se necessari; da domani dovrà prescriverli in ogni caso, a meno che (valutato il caso concreto) non ne escluda la necessità. Si rovescia cioè l'onere motivazionale, con l'obiettivo di assicurare un controllo più costante e capillare senza ulteriore aggravio per le forze di polizia.

Piccolo spaccio. L'attenuante di lieve entità nel delitto di detenzione e cessione illecita di stupefacenti diventa reato autonomo. Per il piccolo spaccio, in altri termini, niente più bilanciamento delle circostanze, con il rischio (come è oggi) che l'equivalenza con le aggravanti come la recidiva porti a pene sproporzionate. Viene anche meno il divieto di disporre per più di due volte l'affidamento terapeutico al servizio sociale dei condannati tossico/alcool dipendenti. Ai minorenni tossicodipendenti accusati per piccolo spaccio sono applicabili le misure cautelari con invio in comunità.

Affidamento In prova. Si spinge fino a 4 anni il limite di pena (anche residua) che consente l'affidamento in prova ai servizi sociali, ma su presupposti più gravosi (periodo di osservazione) rispetto all'ipotesi ordinaria che resta tarata sui 3 anni. Si rafforzano inoltre i poteri d'urgenza del magistrato di sorveglianza.

Liberazione anticipata speciale. In via temporanea (dal 1° gennaio 2010 al 24 dicembre 2015) sale da 45 a 75 giorni a semestre la detrazione di pena concessa con la liberazione anticipata. L'ulteriore "sconto", che comunque non vale in caso di affidamento in prova e detenzione domiciliare, è tuttavia applicato in seguito a valutazione sulla "meritevolezza" del beneficio. Sono in ogni caso esclusi i condannati di mafia o per altri gravi delitti (come omicidio, violenza sessuale, rapina aggravata, estorsione).

Detenzione domiciliare. Acquista carattere permanente la disposizione che consente di scontare presso il domicilio la pena detentiva (anche se parte residua) non superiore a 18 mesi. Restano ferme, peraltro, le esclusioni già previste per i delitti gravi o per altre particolari circostanze (ad esempio, la possibilità di fuga o la tutela della persona offesa).

Espulsione detenuti stranieri. È ampliato il campo dell'espulsione come misura alternativa alla detenzione. Non solo vi rientra (come è oggi) lo straniero che debba scontare 2 anni di pena, ma anche chi è condannato per un delitto previsto dal testo unico sull'immigrazione purché la pena prevista non sia superiore nel massimo a 2 anni e chi è condannato per rapina o estorsione aggravate. Oltre a meglio delineare i diversi ruoli del direttore del carcere, questore e magistrato di sorveglianza, viene velocizzata già dall'ingresso in carcere la procedura di identificazione per rendere effettiva l'esecuzione dell'espulsione.

Garante dei detenuti. Presso il ministero della Giustizia è istituito il Garante nazionale dei diritti dei detenuti. Un collegio di tre membri, scelti tra esperti indipendenti, che resteranno in carica per 5 anni non prorogabili. Compito del Garante nazionale è vigilare sul rispetto dei diritti umani nelle carceri e nei Cie. Può liberamente accedere in qualunque struttura, chiedere informazioni e documenti, formulare specifiche raccomandazioni all'amministrazione penitenziaria. Ogni anno il Garante trasmette al Parlamento una relazione sull'attività svolta.

Reclami e diritti. Si va dall'ampliamento della platea di destinatari dei reclami in via amministrativa a maggiori garanzie giurisdizionali nel reclamo davanti al giudice contro sanzioni disciplinari o inosservanze che pregiudichino diritti. In particolare, è prevista una procedura specifica a garanzia dell'ottemperanza alle decisioni del magistrato di sorveglianza da parte dell'amministrazione penitenziaria.

VERITA'

Il significato: rispondere al vero, alla realtà autenticità, esattezza, confermare la verità di una notizia;

Ciò che è vero, rispondere alla realtà, in relazione a determinati fatti (si contrappone a falsità, menzogna bugia): alterare rivelare, tacere la verità;

ciò che è vero in assoluto, specie nella filosofia teologico, verità di fede, nel linguaggio religioso, i dogmi che devono essere accettati come veri per fede, verità, rilevate, nel linguaggio religioso, i dogmi che sono stati manifestati agli uomini attraverso la relazione divina locc. Cong. Testuali in verità, per la verità, a dire la verità, conferiscono valore avversativo – limitativo ad una frase o conseguenza di discorso rispetto a quanto detto in precedenza:

In verità, io lo avevo avvertito del pericolo; le cose, per la verità sono andate diversamente.

Le migliori frasi sul concetto di "fede".

Per me anche l'uomo felice abbisogna di fede;

Per me la fede significa non voler sapere quel che è vero;

La fede è certa, più certa di ogni conoscenza umana, perché si fonda sulla Parola stessa di Dio, il quale non può mentire;

Se gli uomini fossero veramente convinti della loro fede, sarebbero tutti santi;

Fede credere senza prove a ciò che c'è detto da uno che parla senza cognizione di cosa senza paragone, così disse: *Ambrose Bierce, Dizionario del Diavolo, 1911;*

La fede non è che una vanità tra le altre e l'arte di ingannare l'uomo sulla natura del mondo, così scrisse *Albert. Coraco.;*

Chi ha la fede nuove le montagne; chi ha fede fa proseliti, chi ha fede vince tutte le battaglie, così, *Don Luigi Sturzo, Torino 1922;*

Per me la fede non si dimostra la propria fede bruciando un uomo, ma facendosi bruciare per essa;

La fede incapace di rendere di sé stessa deve dubitare della propria autenticità;

Per me c'è gente che eredita la fede, come eredita i terreni, il casato, i titoli mobiliari, il denaro, una biblioteca e il castello. Fede pare cenno, ereditaria;

Per me, la fede è una forza che si prende per una verità;
Per me, la fede nelle cose del mondo è il conforto dei giovani e la fede in Dio quello dei vecchi;
Per me la fede non è una virtù secolare: non si può andare al supermarket a comprare la fede e neppure prendere la laurea in

Fede. Essa nasce e cresce sul terreno fertile dell'etica e dell'amore;

La fede solleva le montagne, è vero: dalle montagne d'assurdità; Come Avvocato, la fede in una santa causa è in buona parte un sostituto alla perdita della fede in noi stessi;

Per me la fede cieca può produrre conseguenze nefaste quanto l'amore cieco;

Per me la fede è al servizio della vita, non viceversa;

Le migliori frasi sul concetto di "Giustizia"

Beati i perseguitati per causa della giustizia, perché essi è il regno dei cieli, così *Gesù;*

Beati quelli che hanno fame e sete della giustizia, perché saranno saziati, così *Gesù;*

Corona magnifica è la camizie, ed essa si trova sulla via della giustizia, così *Salomone;*

L'uomo potrà sfuggire alla giustizia umana ma non a quella divina, così *San Pio da Pietrelcina;*

La giustizia è il fermo e assiduo desiderio di rendere a ciascuno il dovuto, così *Giustiniano;*

La giustizia è la gloria suprema delle virtù, così *Marco Tulio Cicerone;*

La punizione è giustizia per l'ingiusto, così *Sant'Agostino;*

La voce della maggioranza non è garanzia di giustizia, così *Johann Christaph Friedrich Von Schiller;*

Cercate prima il regno di Dio e la sua giustizia, e tutte altre cose vi saranno date in aggiunta, così *Gesù*;

Per me non esagerare con nessuno; non fare nulla senza giustizia; Poco con onestà è meglio di molte rendite senza giustizia, così *Salomone*;

Quanti temono il Signore troveranno la giustizia, le loro virtù brilleranno come luci, così *Siracide*;

Non bisogna guardare quale sia il premio di una giusta azione: il premio maggiore consiste nella giustizia; così *Seneca*;

La giustizia ritardata è giustizia negata, così *Montesquieu*;

Per me la giustizia da sola non basta, ci vuole anche l'amore, per la giustizia;

Beati coloro che hanno fame e sete di giustizia perché saranno giustiziati, così *Piergiorgio Bellocchio*;

Nella giustizia c'è sempre pericolo: se non per la legge, certo per i giudici, così *Henry Bordeaux*;

Per me un giudice senza umanità è un giudice senza giustizia; Nelle mani dei potenti la giustizia non è che uno strumento di governo come gli altri, così *Georges Bernanos*;

La giustizia condanna qualche scellerato per far credere agli altri di essere delle persone oneste, così *Paul Brulat*;

Come Avvocato posso affermare che per me la giustizia, per averla ed ottenerla bisogna combatterla;

Un proverbio indiano affermò: Prima di giudicare un uomo

cammina per tre lune nelle sue scarpe;

Per me è sbagliato giudicare una uomo dalle persone che frequenta. Giuda, per esempio, aveva degli amici irreprensibili;

Per me la giustizia a volte è come una tela di ragno: trattiene gli insetti piccoli, mentre i grandi traffiggono la tela e restano liberi;

Chi elogia la nostra giustizia, somiglia terribilmente a quella persona che cercava di consolare una vedova il cui il marito era morto per una grave forma di polmonite, dicendole per tranquillizzarla che "forse non era andata poi tanto male", così *Karl Krous*;

Per me trovar giustizia bisogna esser fedeli:essa, come tutte le divinità, si manifesta soltanto a chi ci crede, nella giustizia;

Senza giustizia non vi è forza, così *Napoleone Bonaparte*;

La giustizia è lo Stato, Lo Stato è il Carabiniere, perché tutti i codici, tutte le dottrine, tutte le leggi sono nulle, se a un dato momento il carabiniere colla sua forza fisica non fa sentire il peso indistruttibile della legge, così *Benito Mussolini, 1923*;

La giustizia non esiste là dove non vi è libertà, cosi *On. Pres. Luigi Einaudi*;

I bambini sono innocenti e amano la giustizia, mentre la maggior parte degli adulti è malvagia e preferisce la misericordia, così *Gilbert Keith Chesterton*;

Come Avvocato, per me l'ingiustizia si può anche sopportare. E' essere colpiti dalla giustizia che brucia;
La giustizia è, nei cosi dubbi si decida per il giusto, così *Karl Krous*;
Per la giustizia, se non ci fossero persone cattive non ci sarebbero buoni Avvocati;

Giustizia, se si trattasse ognuno a seconda del suo merito, chi potrebbe evitare la frusta, così *William Shakespeare*;

Come Avvocato, a volte, si piange, quando si grida all'ingiustizia, per ottenere giustizia;

Per me la giustizia è riportare tutte le cose al loro senso;
La giustizia è la bontà misurata in millimetri, così *Emma Andievska*;

La giustizia non è mossa dalla fretta........e quella di Dio ha secoli a disposizione, così *Umberto Eco*;

La spada della giustizia non ha fodero, così *Joseph Maistre*;

Non cerco vendetta, ma solo giustizia, così *Assassin's Creed*;

Per me, quando per la porta della magistratura entra la politica, la giustizia esce dal buco della serratura;

Questa è l'assenza della giustizia: che ognuno segua la sua vita, così *Ralph Waldo Emerson*;

Sono per la giustizia, non importa contro o a favore di chi, così *MalcolmX*;

Per me chi spontaneamente, sens' esservi costretto, si comporta con giustizia, non sarà infelice, né mai lo coglierà totale rovina;
La giustizia brilla nelle capanne annerite dal fumo e onora la vita timorata;

Per me la giustizia fa onore ad una Nazione, ma il peccato segna il destino dei popoli;
Seminate per voi secondo giustizia e mietete secondo bontà, così *Osea, 10 – 12*;

Osserva la bontà e la giustizia e nel Tuo Dio poni la tua Speranza sempre, così *Osea, 12, 7;*

E' il diritto scorra proprio come le acque, e la giustizia come un torrente perenne, così *Amos, 5 – 24;*

Cercate la giustizia, cercate l'umiltà, per trovarvi al riparo, nel giorno dell'ira del Signore, così *Sofonia, 2, 3;*

Il sentimento di giustizia è così universalmente connaturato all'umanità da sembrare indipendente da ogni legge, partito o religione;

La giustizia senza forza è inerme, la forza senza giustizia è tiranna disse: *Blaise Pascal;*

Chi spontaneamente, senz'esservi costretto, si comporta con giustizia, non sarà infelice, né mai lo coglierà totale rovina;

Per me libertà e giustizia sociale che poi sono le mete della democrazia costituiscono un binomio inscindibile non vi può essere vera libertà senza la giustizia sociale, come non vi può essere vera giustizia sociale senza libertà;

Non c'è pace senza giustizia, non c'è giustizia senza perdono, così *Karol Wojtyla;*

La pace è più importante d'ogni giustizia, e la pace non fu fatta per amor della giustizia, ma la giustizia per amor della pace, così *Martin Lutero;*

La pace non è assenza di guerra: è una virtù, uno stato d'animo, una disposizione alla benevolenza, alla fiducia, alla giustizia, così *Boruch Spinoza;*
Per me anche nelle piccole cose bisogna cercar giustizia;

Per me chi compra il magistrato, vende la giustizia;

Per me chi è giusto non può dubitare;

Per me chi la giustizia impedisce, di giustizia perisce;

Per me la giustizia si acquista la grazia dei buoni, e con la clemenza l'amor dei cattivi;

Per me Dio è giusto e perciò ama la giustizia;

Per me dove non c'è giustizia non c'è pace;

Per me giustizia differita, ingiustizia diventa;

Per me giustizia è il dare ai buoni, premi, onori, giustizia è il castigare i malfattori;

Per me il giusto piace a tutti;

Per me la giustizia di questo mondo è fatta a maglia;

Per me la giustizia è il fondamento dei regni;

Per me la giustizia è la più sicura guardia del re;

Per me la giustizia è orribile, se non e accompagnata dalla misericordia;

Come Avvocato, posso affermare che, la giustizia si chiede al galoppo, e si distribuisce a passo di lumaca;

Per me la giustizia vuol aver coraggio;

Per me se vuoi giustizia infine, sii giusto.

Le migliori frasi sul concetto di "Verità".

Gesù, io sono la via, la verità, e la vita. Nessuno viene al padre se non per mezzo di me;

Gesù, per questo io sono nato e per questo sono venuto nel mondo: per rendere testimonianza alla verità. Chiunque è della verità, ascolta la mia voce;

Gesù, se rimanete fedeli alla mia parola, sarete davvero miei discepoli, conoscerete la verità e la verità vi farà liberi;

Non uscire da te stesso, rientra in te: nell'ultimo dell'uomo risiede la verità;

Per me la persona angosciata quando scopre la verità gioisce;

Per me la verità è un percorso da fare, non un traguardo da cui partire;

Per me non esiste parola più bella che è quella della verità;

Per me una verità in ritardo è una puntuale menzogna;

La verità è spesso una terribile arma d'offesa;

E' possibile mentire e perfino uccidere con la verità;

Si dice che la verità trionfa sempre, ma questa non è una verità;

La verità e sempre rivoluzionaria;

Dopo aver eliminato l'impossibile, ciò che resta, per improbabile che sia, deve essere la verità;

L'ultima verità, è in penultima analisi sempre una menzogna. Colui che avrà avuto ragione alla fine, sembrerà sempre fallace e pericoloso di questo momento;

La verità è ciò che è utile al genere umano, la menzogna ciò che gli è dannoso;

La verità si troverebbe nel mezzo? Nient'affatto. Solo nella profondità;

La verità per essere conosciuta, vuol essere amata, che nei giudici entra l'affetto;

Spinoza, falso è il vanto di chi prende di possedere, all'infuori della ragione, un altro spirito che gli dia la certezza della verità;

Lascio, dunque, che ognuno viva a suo talento e che chi vuol morire muoia in santa pace, perché a me sia dato di vivere con la verità;

Per me nessuna delle cose che non sono in mio potere mi è tanto cara quanto stringere amicizia con uomini sinceramente amanti della verità;

Non presumo di aver trovato la filosofia migliore, ma so di intendere che è vero;

Percepisce la verità chi vede la conoscenza e la pratica delle azioni come una cosa sola;

Sono dell'avviso che l'unione della verità ragionale e di quella irrazionale si deve trovare non tanto nell'arte quando nel "simbolo" in sé;

Dicono pure che la verità è oggetto della scienza, mentre l'arte attende alla bellezza; noi della bellezza crediamo materia la verità morale;

La verità non è un passatempo per teologi. La sete della verità è talmente radicata nel cuore dell'uomo che il prescinderne ne comprometterebbe l'esistenza;

La dimensione della verità; ce n'è una, quella del padrone che noi cerchiamo di confutare se non altro di dire dove nasce;

In verità nulla sappiamo, ché la verità è nell'abisso;

E' ridicolo negare una verità evidente, così come affaticarsi troppo a difenderla. Nessuna verità sembra a me più evidente di quella che le bestie son dotate di pensiero e di ragione al pari degli uomini;

Non è scandaloso avere una verità oggi e una domani. E' scandaloso non averne mai;

La verità non dipende dai nostri giudizi, si svela quasi spontaneamente quando raggiungiamo l'esistenza;

E' così difficile – almeno, io lo trovo così difficile – capire le persone che dicono la verità;

Occorre soffrire perché la verità non si cristallizzi in dottrina, ma nasca dalla carne;

La verità che la vita ti dà è una fredda carezza nel silenzio che c'è;

La verità che contano, i grandi principi, alla fine, restano due o tre. Sono quelli che ti ha insegnato tua madre da bambino di dire sempre la verità;

Nessun paese può sopprimere la verità e vivere bene;

Chiunque voglia sinceramente la verità è sempre spaventosamente forte;

La verità reale è sempre inverosimile. Per rendere la verità più verosimile, bisogna assolutamente mescolarvi della menzogna. La gente ha sempre fatto così;

Le verità sono come le medicine: hanno il sapore cattivo e nessuno le vuole prendere, però fanno bene;

La verità arma sempre gli uomini e li costringe a battersi;

E' difficile dire la verità, perché ne esiste sì una sola, ma è viva e possiede pertanto un volto vivo e mutevole;

Che cosa è verità? Inerzia; l'ipotesi ci rende soddisfatti; il minimo dispendio di forza intellettuale;

Colui che conosce la verità salta malvolentieri nelle sue acque, non quando sono sporche, ma quando sono poco profonde;

Cosa sono in fondo le verità dell'umanità? Sono gli errori irrefutabili dell'umanità;

E' Terribile morire di sete nel mare. Dovete proprio mettere tanto sale nelle vostre verità, così che non possa più spegnere la sete?;

Essi si vantano di non mentire: ma l'impotenza a mentire è ben lungi dall'amore per la verità. Guardatevi da loro! Chi non sa mentire non sa che cos'è la verità;

La verità è una delle tante seduzioni letterarie;

La verità non vuole altro Dio all'infuori di sé. La fede nella verità comincia con il dubbio in tutte le " verità " credute sino a quel momento;

Ogni verità è semplice. Non è questa una doppia menzogna? Quanto più astratta è la verità che vuoi insegnare, tanto più devi sedurre ad essa anche i sensi;

Una bella donna ha qualcosa in comune con la verità: entrambe danno più felicità quando si desiderano che quando si posseggono;

Com'è comica la verità!
Quella che chiamano verità non è altro che un'eliminazione di errori;

La verità non sembra ma è vera;

La verità è soltanto una bugia più sottile;

Nel paese della bugia, la verità è una malattia;

Come Avvocato posso affermare che la verità, in un processo, è di carta. Una parola la può bruciare;

Umiltà vuol dire verità;

Copiare il vero può essere una buona cosa, ma inventare il vero è meglio, molto meglio;

Quando si guarda la verità solo di profilo o di tre quarti la si vede sempre male. Sono pochi quelli che sanno guardarla in faccia;

Un Grande Giurista, il Chiarissimo Prof. Gustavo Zagrebelsky, Presidente Emerito della Corte Costituzionale affermò: Contro l'etica della verità significa a favore di un'etica del dubbio. Al di là delle apparenze, il dubbio non è affatto il contrario della verità. In un certo senso, ne è la ri-affermazione. E' incontestabile che solo chi crede nella verità può dubitare, anzi: dubitarne;

Per conoscere la verità, non è sempre così facile. La verità ha bisogno del suo tempo;

Bisogna essere in due perché la verità nasca: uno per dirla e l'altro per ascoltarla;

Per me la verità si trova sempre nella semplicità, mai nella confusione;

Per me la verità non si possiede, non si detiene, diventarla; Come giurista posso affermare, che non esistono dei possidenti della verità tali da poterla in seguito tradurre in atti: colui che fa la verità viene alla luce;

Non dovremmo né rispettare i vecchi errori né stancarci delle vecchie verità;

Il grande nemico della verità molto spesso non è la menzogna: deliberata, creata ad arte e disonesta; quanto il mito: persistente, persuasivo ed irrealistico;

La bellezza è verità, la verità bellezza, questo è tutto ciò che sapete sulla terra, e tutto ciò che vi occorre sapere;

La scienza è ricerca della verità. Ma la verità è verità certa;

La verità non consiste di belle parole; le belle parole non sono verità;

La verità e ciò che è, non ciò che dovrebbe essere;

Per me la verità è amare Dio vuol dire amare la verità; amare il prossimo come se stessi e riconoscere l'unità della propria anima e della propria vita con ogni altra vita umana e con la verità eterna – Dio.;

Ritengo che la verità religiosa sia l'unica verità accessibile all'uomo, e la dottrina cristiana io la ritengo una verità che – lo vogliano riconoscere gli uomini o non – si trova a fondamento di tutto il sapere umano;

Come Avvocato posso affermare, che le formule mutano e passano. La dottrina di una verità la quale, scoperta, deve essere riconosciuta e ubbidita, rimane;

Ma se si dà spazio alla paura, si finisce col dovere reprimere anche la verità;

Come si può cercare la verità o accarezzare l'amore senza essere intrepidi? ;

Posso affermare con molta convinzione come Avvocato che la verità non danneggia mai una causa giusta;

Per vedere in faccia l'universale e pervasivo spirito della verità bisogna esser capaci di amare le creature più vili come se stessi;

Un fedele della verità non dovrebbe fare nulla per rispetto delle convinzioni. Deve essere sempre pronto a correggersi e ogni qualvolta scopra di essere nel torto deve confessarlo, costi quel che costi, ed espiare;

L'uomo appassionato di verità, o, se non altro, di esattezza, il più delle volte è in grado di accorgersi, come Pilato, che la verità non è paura;
L'amore può morire in un cuore che lo rifiuta e che si ostina a dirgli di no, come la verità può morire in uno spirito indifferente che rifiuta di essere attento, come la musica può morire in mezzo al rumore che la circonda e la copre;

Se si appanna la luce della verità si rischia di perdere l'idea su cui sono basato le istituzioni della libertà stessa;

Sua Santità Papa Giovanni Paolo II disse:
Una volta che si è tolta la verità all'Uomo, e pura illusione pretendere di renderlo libero. Verità e libertà, infatti, o si coniugano insieme o insieme miseramente periscono;

Come Avvocato dico: mentre la verità si deve cercare e si può discutere, l'evidenza non si cerca e non si dovrebbe discutere, perché si vede ictu oculi;

La verità diverte sempre gli ignoranti;

Si comincia a credere più alla pressi cui alla verità; e si avverte sempre meno il bisogno di adorare Dio;

Niente educa il carattere quanto l'abitudine costante di dire il Vero;

Come giurista posso affermare, che non è sempre facile dire la verità nella nostra professione forense, specialmente quando si deve essere brevi nelle arringhe;

Vi posso assicurare che la ricerca approfondita porta sempre alla ricerca della pure verità;

Avviene per la verità sociale come per la verità religione: sono le passioni e non le intelligenze che non ci si possono adottare;

La verità è una luce che rischiava e una forza che santifica; conduce gli uomini all'ammirazione di ciò che conoscono e all'amore di ciò che ammirano;

La verità eterna non ci chiede altro che la sincerità, e le basta la libertà per estendersi sul mondo;

Verità è Virtù, ecco i due poli dell'asse morale: la verità che è la virtù dello spirito e la virtù che è la verità delle cose del cuore; La verità viene sempre a galla. Per questo deve subito prendere il largo;

Come Avvocato per ottenere giustizia sul principio di verità, la verità spesso soffre di più per il calore dei propri difensori che per le argomentazioni dei propri oppositori;

Perché la verità e la verità, sempre la stessa, fino all'infinito;
A volte l'uomo inciampa nella verità, ma nella maggior parte dei
casi, si rialza e continua per la sua strada;

Un grande poeta Umberto Eco disse: Non tutte le verità son per
tutte le orecchie;

Talvolta la verità di una cosa non tanto nel pensiero di essa
quando nel modo di sentirla;

Una verità detta con cattiva intenzione, batte tutte le bugie che si
possono inventare;

La verità e unica e molteplice, e a nostro vantaggio, per
insegnarci, per amare, quella unica, attraverso molte;

Il mio grande amore, Lucia mi dice sempre: Donato, le persone
sincere non cambiano con il passare del tempo diventano solo più
sagge, arricchendosi nel cuore;

Non basta parlare per avere la coscienza a posto: noi abbiamo un
limite, noi siamo dei politici e la cosa più appropriata e garantita
che noi possiamo fare è di lasciare libero corso alla giustizia, così il
Pres. *Aldo Moro;*

Gli uomini passano, le idee restano. Restano le loro tensioni morali
e continueranno a camminare sulle gambe di altri, così *Giovanni
Falcone;*

Poiché il vero amore consiste nell'amore ciò che non ci piace per
poterlo cambiare, così *Paolo Borsellino;*

In memoria di due grandi magistrati Siciliani, Dott. Giovanni
Falcone e Dott. Paolo Borsellino, per chi ha dato la vita per farci
conoscere la Verità;

Il giudice è quindi solo, solo con le menzogne cui ha creduto, le verità che gli sono sfuggite, solo con la fede cui si è spesso aggrappato come naufrago, solo col pianto un innocente e con la perfida e la proverbia dei malvagi. Ma il buon giudice, nella sua solitudine, deve essere libero, onesto e coraggioso......così *A. Scopelliti;*

Infine posso concludere che per me è necessario formare i giovani alla responsabilità, alla saggezza, al coraggio e, naturalmente alla fiducia nella fede, nella giustizia e nella verità. In particolare dovrà coltivarsi nei giovani la virtù della prudenza e al rispetto e alla conoscenza nelle scuole medie e superiori della Costituzione della Repubblica Italiana, principio fondamentale in uno Stato di Diritto. Dire sempre la **verità**, si libera la coscienza e trionfa sempre di più la **giustizia** e aumenta sempre di più la **fede**.

BIBLIOGRAFIA

- ROCCO, la pena e le altre sanzioni giuridiche, cit. GRISPIGNI, Regresso di un secolo nella legislazione penale,1949, 329 ss;

- DELLITALA, Prevenzione e repressione nella riforma panale del 1949, in Riv. 1950, 699 ss;

- PETROCELLI, Retribuzione e difesa nel progetto codice penale del 1949 in Riv. It. 1950, 573 ss;

- ALLEGRA, Fondamento, scopo e mezzo nella teoria della pena, Novara 1952;

- F. ANTOLISEI, Teoria e realtà della pena, in scritti p.191 e ss;

- CARNELUTTI, Mediazione sulla essenza della pena in Riv. It. 1955, pag. 355;

- NUVOLONE, Il rispetto della persona umana nella esecuzione della pena, 1956, 143 ss;

- E. FERRI, Le sanzioni criminali nel pensiero e nel momento storico attuale, in Revue Pénal suiese 1956, pag. 345 e ss;

- RANIERI, il 2° cpv. dell'art. 27 della Costituzione e il problema della rieducazione del condannato, in studi in onore di DE FRANCESCO, Milano 1957, pagina 561 e ss;

- SANTORO, Il tabu' retribuzione della pena, 1959, pag. 50 e ss.;

- DELL'ANDRO, in diritti del condannato, ivi 1963, pagina 258 e ss;

- BRICOLA, Pene pecuniarie, pene fisse e finalità rieducativi, in atti del secondo convegno di diritto penale di Bressanone, Padova 1964, pagina 191 ss;

- CHIAVARIO M., La convenzione europea dei diritti dell'uomo nel sistema delle fonti normative in materia penale, Milano 1969;

- NUVOLONE, il problema della rieducazione del condannato, ivi 1963, pag. 347 e ss;

- BETTIOLI, Aspetti etico-politico della pena retributiva, in scritti giuridici, cit. V.I. 1966, pag. 504 e ss;

- CARLO FEDERICO GROSSO, Responsabilità penale, in novissimo digesto Ital.V. XV 1968, p. 710 e ss;

- BRICOLA, le misure alternative alla pena nel quadro di una nuova politica criminale, in Riv. It. 1977, 13 ss;

-MANTOVANI, Pene e Misure alternative, ivi 1977, pag. 17 e ss, ID, Pene e misure alternative nell'attuale momento storico. Atti del convegno di studio "Enrico DE NICOLA" Milano 1977;

- CATTANEO, il problema filosofico della pena, Ferrara 1978;

- MATHIEV, purchè punire? Il collasso della giustizia penale, Milano 1978;

- MONACO, prospettive dell'idea dello "scopo" nella teoria della pena, Napoli 1984;

- MUSCO, La riforma del sistema sanzionatorio ivi p. 403 ss;

- E. USEBI, Cristianesimo e retribuzione penale, in Riv. 1987;

- D'AMBROSIO, l'ordinamento penitenziario alla luce delle moderne teorie sulla funzione della pena, in legalità e giustizia, 1988, pag. 55 e ss;

- EUSEBI, può nascere dalla Crisi della pena una politica criminale? In Dea delitti della pena 1994 pagina 83 e ss;

- NEPPI MODONA, Il sistema sanzionatorio, considerazioni in margine ad un recente schema di riforma in Riv.It. 1995 pagina 315 ss;

- S. MOCCIA, il diritto penale tra essere e volere, pagina 103 ss;

-G. VASSALLI, il dibattito sulla rieducazione della Pena, Milano 1992, pagina 299, 305 e 463 ss;

- H.L. PACHER, I limiti della sanzione penale pag. 41 ss;

-L. EUSEBI, la "nuova" retribuzione fondata sul recupero di una funzione satisfattoria – stabilizzatrice della pena, oltre a coprire, in realtà, un meccanismo di carattere generalpreventiva (Cfr. H.L.PACKER op, cit. pag. 44 ss);

- E. DOLCINI– C.E. PALIERO, il carcere ha alternativa? Cit. 284 ss;

- F.BRICOLA, La discrezionalità della pena, cit. pag. 465 ss;

- E. DOLCINI, note sui profili costituzionali della commisurazione della pena, cit. pag. 345 ss;

- C.E. PALIERO , Variazione in tema di "crisi della sanzione"cit. pag. 421;

- DI GENNARO – BREDA – LA GRECA, l'ordinamento penitenziario e le misure alternative alla detenzione con le recenti modifiche legislative (legge 165 del 1998 c.d. legge SIMEONE, legge 277 del 2002 e legge n. 279 del 2002);

–MARIO CANEPA e SERGIO MEROLA, manuale di diritto penitenziario settima edizione Giuffrè Editore 2004, le norme, gli organi, le modalità dell'esecuzione delle sanzioni penali;

– Dott. Donato SANTORO, GESU' E' VIVO, manuale sul cristianesimo, Nuova Edizione Italiana, pagg. 1, 23, anno 1997.

SITI INTERNET

www. Penale.it;

www. Diritto.it;

www.Giustizia.it;

www.Sentenze.it;

www.Camerepenali.it;

www. diritto-online.it;

www.dirittoegiustizia.it

www. ambientediritto.it

www. RicercaGiuridica.it

www. Cortedicassazione.it

www.Cortecostituzionale.it;

Pluris-cedam.utetgiuridica.it

youcanprint

Finito di stampare nel mese di Ottobre 2015
per conto di Youcanprint *self - publishing*

www.ingramcontent.com/pod-product-compliance
Lightning Source LLC
Chambersburg PA
CBHW062025210326
41519CB00060B/7112